Schöningh

EinFach Deutsch

Peter Stamm

Agnes

... verstehen

Erarbeitet von
Daniela Janke

Herausgegeben von
Johannes Diekhans
Michael Völkl

Bildnachweis

S. 33: © UJG Images/Univesal History Archive; S. 55: © Gaby Gerster; S. 56: Peter Stamm: Sieben Jahre, S. Fischer Verlag, 2009; S. 59: © ddp images/SIPA; S. 63: © picture-alliance; S. 83: Operarius; weitere: Verlagsarchiv Schöningh

Sollte trotz aller Bemühungen um korrekte Urheberangaben ein Irrtum unterlaufen sein, bitten wir darum, sich mit dem Verlag in Verbindung zu setzen, damit wir eventuell notwendige Korrekturen vornehmen können.

www.schoeningh-schulbuch.de
Schöningh Verlag, Jühenplatz 1–3, 33098 Paderborn

Druck 5 4 3 2 1 / Jahr 2016 15 14 13 12
Die letzte Zahl bezeichnet das Jahr dieses Druckes.

Umschlaggestaltung: Nora Krull, Bielefeld
Umschlagbild: © UJG Images/Universal History Archive
Druck und Bindung: westermann druck GmbH, Braunschweig

ISBN 978-3-14-022559-5

Inhaltsverzeichnis

An die Leserin und den Leser

Liebe Leserin, lieber Leser,

„Agnes ist tot. Eine Geschichte hat sie getötet." (S. 9, Z. 1)[1] So beginnt der Debütroman von Peter Stamm, der ihm reges Interesse in Literaturkreisen eingebracht hat. Doch wie kommt es überhaupt dazu, dass ein Text solch einen großen Einfluss auf eine Person ausüben kann, welche Faktoren müssen zusammenspielen, damit eine Frau sich nach Vorlage einer Geschichte das Leben nimmt?
Stamm schildert in seinem Roman aus der Perspektive des Ich-Erzählers die Geschichte einer Liebesbeziehung, die im Tod endet. Schnell wird allerdings deutlich: Liebe ist ein Konstrukt, das dem unterkühlt wirkenden Erzähler ein Fremdwort ist. Erwartet uns also eine Liebesgeschichte, in der ein armes Mädchen einem lieblosen Don Juan erliegt? Nein, der Roman „Agnes" ist viel mehr als die Geschichte einer unglücklichen Liebe. Er konfrontiert uns mit vielfältigen Problemen des modernen Lebens, in dem das Glück nicht auf der Straße liegt und der Märchenprinz nicht die Prinzessin vor ihrem Unglück bewahrt, um mit ihr in den Sonnenuntergang zu reiten. Aus dem Prinzen ist ein Einzelgänger geworden, der inmitten von Millionen von Menschen einsam und heimatlos seinem Leben nachgeht, getrieben von der Angst, seine Freiheit zu verlieren, mit der bitteren Gewissheit, als Mensch nicht viel zu bieten zu haben. Und auch die Prinzessin ist zu einer unglücklichen jungen Frau geworden, die sich verzweifelt an einen Mann klammert, um ihre Einsamkeit zu überwinden und von ihren Ängsten befreit zu werden; eine Frau mit einer Persönlichkeitsstörung, die in ihrer verkorksten Kindheit begrün-

[1] Sämtliche Stellenangaben beziehen sich auf die im Literaturverzeichnis aufgeführte Textausgabe des Fischer Verlags. Diese folgt nicht der reformierten Rechtschreibung.

det liegt und sich nun in einem ausgeprägten Vaterkomplex bemerkbar macht.

Will Peter Stamm also aufzeigen, dass die Vorstellung, in einer erfüllenden Partnerschaft glücklich zu sein, überholt ist? Sicher nicht. Er sensibilisiert den aufmerksamen Leser aber, Eigenarten und Verhaltensweisen zu erkennen, die dem Glück im Wege stehen können. Und nicht nur das. Stamm thematisiert in seinem Roman die Bedeutung moderner Medien und auch den Einfluss von Literatur auf unser reales Leben. Gerade in der heutigen Gesellschaft spielen Medien eine große Rolle und der Einfluss, den sie auf uns ausüben, ist nicht zu unterschätzen. Eine kritische Distanz zu dem, was uns vorgesetzt wird, ist unerlässlich, um den Bildern, die die Medien uns vorgaukeln, nicht blind zu erliegen. Ein kritischer Umgang – auch mit Literatur – ist also unbedingt geboten.

Die soeben angesprochenen Punkte sind nur einige Beispiele für Stamms Themen, die sich insgesamt als sehr vielschichtig erweisen. Der Autor schafft mit seinem Roman eine Plattform, die es dem Leser immer wieder ermöglicht, eigene Schwerpunkte zu setzen und Gedanken weiterzuspinnen, sodass es verschiedene und individuelle Lesarten gibt. Bei einem zweiten Lesedurchgang wird der Leser neue Aspekte entdecken und vieles anders bewerten als beim ersten Lesen.

Der vorliegende Band aus der Reihe „EinFach Deutsch … verstehen" soll Anregungen zur Textinterpretation geben und dabei eigene Sichtweisen ermöglichen und den Blick für Details schärfen. Er liefert Anhaltspunkte zur Personenkonstellation, zum Aufbau des Romans und zu Hintergründen, die ein tieferes Verständnis des Romans fördern und ermöglichen. Zudem können zum Zweck einer erfolgreichen Vorbereitung auf Leistungsmessungen die Aufgabenformen „Personencharakterisierung" und textanalytische Verfahren wiederholt und geübt werden. Abschließende schematische Übersichten regen außerdem zur Wiederholung an und zeigen mögliche Schwerpunktsetzungen für Prüfungen auf.

Viel Freude beim, Lesen, Entdecken, Nachdenken und Verstehen wünscht

Daniela Janke

Der Inhalt im Überblick

Der 1998 erschienene Roman „Agnes“ von Peter Stamm handelt von der Liebesbeziehung zwischen dem Ich-Erzähler mittleren Alters und der jungen Agnes, die wegen der Bindungsunfähigkeit des Erzählers zum Scheitern verurteilt ist und im Tod der jungen Frau mündet.
Während seiner Arbeiten an einem Sachbuch über Luxuseisenbahnen lernt der gebürtige Schweizer im April in einer Bibliothek in Chicago Agnes kennen, eine junge Physikerin, die gerade an ihrer Dissertation schreibt. Sie sehen sich von nun an häufiger und gehen schließlich miteinander aus. Nach dem ersten gemeinsamen Essen schläft die bis zu diesem Zeitpunkt noch jungfräuliche Agnes mit dem Erzähler und sie werden ein Liebespaar.
Das Paar führt Gespräche über Leben und Tod, Agnes erzählt von ihrer problembehafteten Beziehung zu ihrem Vater und der Erzähler von seiner Vergangenheit als Schriftsteller. Er hat das Schreiben literarischer Texte jedoch aufgegeben, da seine Versuche wenig erfolgreich gewesen sind. Dennoch bittet Agnes ihn darum, eine Geschichte über sie selbst zu schreiben, die sie porträtiert, wie sie wirklich ist. Nach anfänglichen Zweifeln lässt er sich darauf ein und sieht die Aufgabe als eine Art Experiment, das seine Neugier weckt. Zunächst berichtet er einfach und sachlich von ihren gemeinsamen Erlebnissen, wie er sie in Erinnerung hat. Das Schreiben der Geschichte nimmt einen immer größeren Raum ein und schon bald wird die Arbeit an seinem Sachbuch über Luxuseisenbahnen nebensächlich. Die fertigen Passagen seines Textes liest er Agnes vor und sie stellen fest, dass sie viele Dinge ganz unterschiedlich wahrgenommen haben und ihre Erinnerungen sich nicht immer decken.
Als der Erzähler in der Geschichte die Vergangenheit überholt, spinnt er ihre gemeinsame Zukunft fiktiv weiter und

Agnes folgt dieser Vorlage in ihrem Handeln. Wie es die Geschichte vorsieht, zieht sie im September tatsächlich in die Wohnung des Erzählers ein, löst ihre eigene Wohnung jedoch nicht auf. Durch das Schreiben wird Agnes zunehmend zu einer Art Marionette des Erzählers und eine klare Trennung zwischen der Fiktion des Erzählers und der realen Beziehung ist nicht mehr möglich. Dennoch führen sie zunächst eine harmonische Partnerschaft, auch wenn der Erzähler bald das Gefühl hat, diese harmonische Art des Zusammenlebens und die Routine des Alltags böten keinen interessanten Stoff für den Fortgang seiner Geschichte.
Erste Anzeichen der Entfremdung treten auf, als der Erzähler Agnes nicht zu einem von ihr mit Vorfreude erwarteten Halloweenumzug begleitet. Stattdessen besucht er die Feier einer Eisenbahngesellschaft, wo er Louise kennenlernt, die ein gewisses Interesse an ihm zeigt.
Als der Erzähler von Agnes erfährt, dass sie schwanger ist, kommt es zu einem tiefreichenden Bruch in der Beziehung, da er ihr unmissverständlich zu verstehen gibt, dass er kein Kind möchte. Das Vaterwerden stimmt nicht mit seinen Erwartungen überein und ist nicht mit der von ihm verfassten Geschichte vereinbar. Verletzt zieht Agnes aus der gemeinsamen Wohnung aus und bricht den Kontakt ab.
Nach der Trennung beginnt der Erzähler eine Affäre mit Louise, die zunächst scheinbar nur an einer lockeren Beziehung ohne Verpflichtungen interessiert ist. Dennoch denkt er an Agnes und das ungeborene Kind und schreibt an der Geschichte weiter, in der er die Geburt der gemeinsamen Tochter Margaret schildert und ein harmonisches Familienleben darstellt.
Nach einem besorgniserregenden Anruf einer Kollegin besucht er Agnes in ihrer Wohnung und erfährt, dass sie eine Fehlgeburt erlitten hat. Wie selbstverständlich nehmen sie die Beziehung wieder auf und Agnes zieht erneut in die Wohnung des Erzählers ein. Als sie von der Fortsetzung der

Geschichte hört, bittet sie den Erzähler darum, die Geschichte über ihr Leben mit dem gemeinsamen Kind weiterzuschreiben. Es kommt zu einer Kompensation des Verlustes, Agnes kauft sogar Kleidung für das Kind, das nicht existiert. Schließlich bricht die Realität aber über sie herein und sie fordert den Erzähler auf, einen Schluss für die Geschichte zu finden, der der Realität entspricht. Auch wenn sie wieder gemeinsam leben, so distanziert sich Agnes doch zunehmend vom Erzähler und es wird deutlich, dass ihr der Verlust des Kindes schwer zusetzt.
Der Erzähler verfasst unterdessen wie in Trance einen Schluss der Geschichte, der den Tod der jungen Frau andeutet. Bei der erneuten Lektüre seiner Ausführungen erkennt er jedoch, dass er Agnes und sich dieses Ende nicht zumuten kann. Aus diesem Grund schreibt er einen weiteren Schluss mit glücklichem Ausgang. Ihm ist jedoch bewusst, dass dieses Happy End der Realität nicht gerecht wird. Deshalb arbeitet er an dem anderen Ende heimlich weiter und speichert dieses als „Schluß2" auf seinem Computer ab.
Agnes ist in der Zwischenzeit an einer Erkältung erkrankt, von der sie sich nicht erholt.
Es kommt dazu, dass der Erzähler an Silvester einer Party bei Louises Eltern beiwohnt, wo er ein weiteres Mal mit Louise schläft. Erst als diese ihn nach Hause bringt, erzählt er ihr von seiner wiederaufgenommenen Beziehung mit Agnes, was Louise verbittert registriert, da sie auf eine feste Beziehung gehofft hat.
Bei der Rückkehr in seine Wohnung findet er seinen eingeschalteten Computer vor, auf dem der zweite, von ihm vor Agnes verheimlichte Schluss aufgerufen ist. Agnes hat allem Anschein nach nach der Lektüre der Schlussversion die Wohnung verlassen und der Erzähler geht davon aus, dass sie den von ihm verfassten Kältetod im Wald realisiert hat.

Die Personenkonstellation

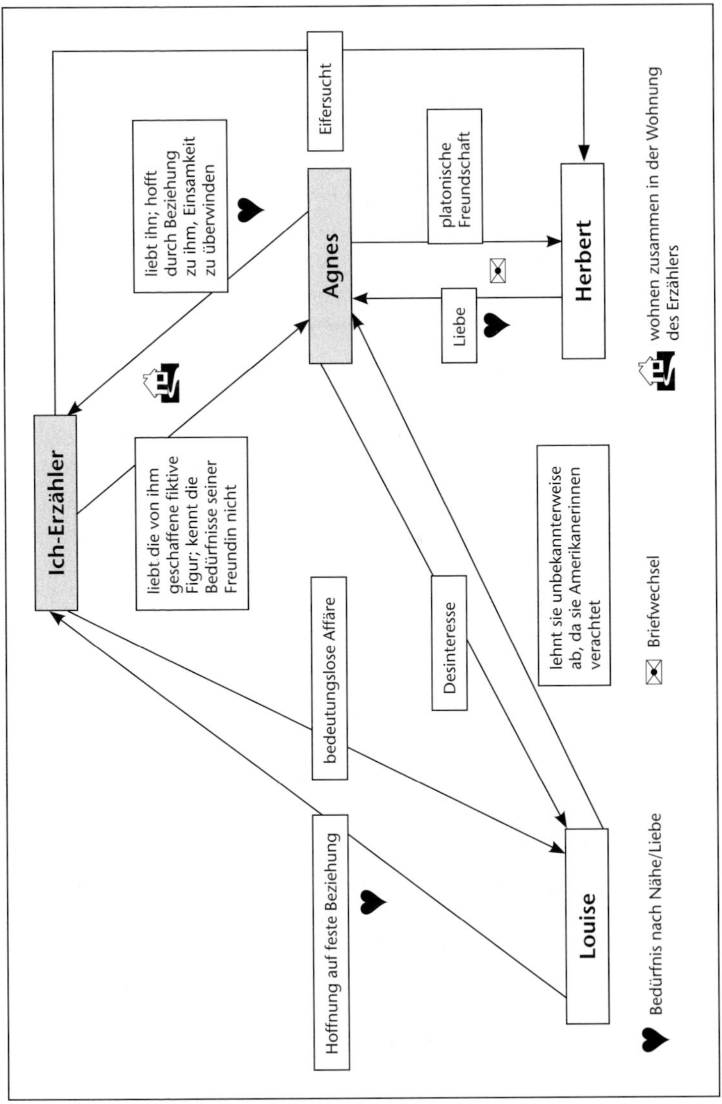

Inhalt, Aufbau und erste Deutungsansätze

Kapitel 1 (S. 9–12)

Bereits der erste Satz des Romans konstatiert kurz und sachlich, dass die Protagonistin Agnes tot ist. Schmucklos weist der Ich-Erzähler auf diesen Umstand hin und fügt hinzu, dass eine Geschichte sie getötet habe (vgl. S. 9, Z. 1). Diese erste Zeile baut somit eine Wie-Spannung beim Leser auf, denn es stellt sich die Frage, wie eine Geschichte zum Tod einer Frau führen kann. Auffällig ist dabei, dass der Ich-Erzähler eine Geschichte, einen literarischen Text, verantwortlich für Agnes' Tod macht. Zum einen wird auf diese Weise der Literatur eine große Macht zugeschrieben, die das Leben Einzelner stark beeinflussen kann, was an späterer Stelle wieder aufgegriffen wird, wenn Agnes erklärt, dass sie nicht mehr viel lese, „[w]eil [sie] nicht mehr wollte, daß Bücher Gewalt über [sie] haben" (S. 120, Z. 17f.). Zum anderen entsteht der Eindruck, der Erzähler selbst habe keine Beteiligung an dem Unglück, denn „[e]ine Geschichte hat sie getötet" (S. 9, Z. 1). Erst mit der voranschreitenden Lektüre wird dem Leser bewusst, dass ebendiese Geschichte von dem Erzähler verfasst worden ist, dieser distanziert sich jedoch gleich zu Beginn und blendet seine Verantwortung somit aus.

Erzeugung einer Wie-Spannung

Das erste Kapitel erfüllt eine expositorische Funktion, so erfährt der Leser, dass sich die Handlung in Chicago im Winter (im zweiten Kapitel erwähnt der Erzähler, dass das Kennenlernen im April stattfand, sodass der Leser den Januar als gegenwärtigen Zeitpunkt erschließen kann) ereignet. Die Protagonisten Agnes und der Ich-Erzähler werden indirekt durch den Erzähler vorgestellt und es wird deutlich, dass die Beziehung zwischen den beiden neun Monate angedauert hat, sie ein Liebespaar gewesen sind und sie zusammen gewohnt haben. Schnell wird jedoch klar, dass

Funktion: Exposition

das, was nun folgen wird, sehr problembelastet ist, denn nachdem das erste benutzte Adjektiv „tot" lautet, folgt mit dem zweiten – „kalt" – ein weiteres negativ konnotiertes Adjektiv in Stamms Roman, der sprachlich schlicht und einfach gehalten ist. Die Kälte jedoch ist ein immer wiederkehrendes Motiv, das auf die Bindungsunfähigkeit des Erzählers, die Einsamkeit und auch auf die spätere Todesursache der Protagonistin verweist. Ergänzend zu der scheinbar allgegenwärtigen Kälte wird durch die Aussage „Aber die Fenster lassen sich nicht öffnen." (S. 9, Z. 24 f.) die Isolation des Erzählers deutlich. Sein Name wird im gesamten Roman nicht preisgegeben, was seine Unnahbarkeit unterstreicht und auch dafür spricht, dass Stamm mit seinem Roman durch die Austauschbarkeit der Figuren ein allgemeingültiges Problem aufzeigt.

Richtungsweisende Sprache

Über das Anschauen eines Videos, das Agnes bei einer gemeinsamen Wanderung aufgenommen hat, beginnt er ein erstes Bild über diese zu zeichnen. So erfährt der Leser, dass Agnes eine sehr ordentliche, fast schon pedantische Person ist (vgl. S. 10, Z. 5 ff.). Durch die nähere Beschreibung des Videos wird dem Leser außerdem die Unnahbarkeit des Ich-Erzählers bereits am Anfang des Romans besonders vor Augen geführt, denn „[d]ie Kamera nähert sich [ihm] von oben, kommt immer näher, bis das Bild unscharf wird, weicht zurück. […] Lange bleibt sie auf dem Gesicht stehen, versucht, noch einmal näher zu kommen, aber das Bild wird wieder unscharf, und sie weicht von neuem zurück" (S. 11, Z. 13 ff.).

Film zeigt Unnahbarkeit des Ich-Erzählers auf

Anhand des kurz angerissenen Gesprächs mit einem Ladenverkäufer werden abschließend zwei weitere wichtige Wesensmerkmale der Protagonisten deutlich: Auf die Frage nach dem Verbleib seiner Freundin antwortet der Erzähler „Sie sei weggegangen" (S. 11, Z. 24), er weist Agnes somit die Verantwortung für ihr Verschwinden zu, da die Formulierung suggeriert, dass diese aktiv und vorsätzlich gehan-

Erzähler übernimmt keine Verantwortung für den Tod Agnes'

delt hat. Ferner wird der Tod der weiblichen Hauptfigur durch diese Formulierung beschönigt. Der Erzähler weist also erneut die Verantwortung für sein Handeln indirekt von sich. Weiterhin wird über die Erinnerung an den Verkäufer eine wichtige Eigenschaft der weiblichen Hauptfigur entfaltet, denn der Erzähler weist explizit auf ihre Unsicherheit, ihre Angst und ein allgemeines Gefühl des Unwohlseins in der Stadt hin. Der Erzähler hat diese Ängste nie ernst genommen und abgetan; anders als in einer funktionierenden, innigen Beziehung lässt er sie mit ihren Ängsten allein. Diese steigern sich, bis Agnes sie nicht mehr artikuliert und sich stattdessen paradoxerweise gerade immer mehr an die Person klammert, die durch ihre Beziehungsunfähigkeit und ihr Unvermögen zur Intimität ihr keinen Halt bieten kann, was auch dem Erzähler bewusst ist, wenn er sagt: „Sie klammerte sich statt dessen immer enger an mich, je mehr sie sich fürchtete. Ausgerechnet an mich.“ (S. 12, Z. 12ff.)

Ungesunde Beziehungskonstellation

Kapitel 2 (S. 13–16)

Retrospektiv geschilderte Beziehung

Der Erzähler beginnt nun, retrospektiv von seiner Zeit mit Agnes zu berichten. Die Schilderungen erfolgen dabei chronologisch, werden jedoch immer wieder durch kurze Episoden unterbrochen, was die Gedankengänge des Erzählers widerspiegelt. Das Kennenlernen vom Erzähler und Agnes ereignet sich im April des Vorjahres, als beide in der Public Library ihren Arbeiten nachgehen. Auf diese Weise erfährt der Leser, dass der Erzähler Sachbuchautor ist. Diese berufliche Orientierung verweist bereits auf die sachlich-abgeklärte Art des männlichen Protagonisten, die sich auch in der Sprache des Romans abzeichnet, die durch Parataxen und eine allgemeine Schmucklosigkeit gekennzeichnet ist.

Kennenlernen

Der Erzähler schildert, wie sich Agnes’ und seine Blicke zufällig treffen, und beschreibt seine erwachende Neugier. Sein Versuch, die Titel der von Agnes genutzten Bücher zu erspähen, scheitert jedoch, da sie seine Blicke bemerkt und die Bücher schützend gegen sich zieht (vgl. S. 13, Z. 13 ff.). Agnes ist darauf bedacht, ihre Privatsphäre zu wahren und wenig Persönliches preiszugeben, ein Wesenszug, der im Verlauf des Romans häufig zum Vorschein kommt. So erfährt der Erzähler den Namen seiner Gesprächspartnerin auch erst zum Ende des Gesprächs auf der Treppe der Bibliothek, wo er ihr Feuer anbietet und auf diese Weise das erste Mal einen tatsächlichen Kontakt herstellt. Der Umstand, dass er erst zu solch einem späten Zeitpunkt nach dem Namen fragt, zeigt zudem das Desinteresse des Erzählers, anderen Menschen näherzukommen und tieferreichende Kontakte zu knüpfen. Er meidet die Nähe zu anderen und ist im Allgemeinen kein geselliger Mensch und scheint die Fähigkeit zu lieben verlernt zu haben: „Ich kannte kaum jemanden in der Stadt. Niemanden, um genau zu sein. Ein paarmal hatte ich mich verliebt in ein Gesicht, aber ich hatte gelernt, solchen Gefühlen auszuweichen, bevor sie zu einer Bedrohung wurden." (S. 14, Z. 26–S. 15, Z. 2) Intimität und Nähe stellen für ihn eine Gefahr dar. Er ist nicht in der Lage, sich auf einen Menschen einzulassen. Dass dieses Lebenskonzept jedoch nicht mit persönlichem Glück vereinbar ist, verrät die nüchtern formulierte Aussage „Ich spürte schon die Leere des Abends, der vor mir lag" (S. 14, Z. 25 f.).

Unnahbarkeit Agnes'

Unnahbarkeit des Erzählers

Die Neugier des Erzählers wird im zweiten Kapitel als eine wesentliche Eigenschaft dieser Figur manifestiert: „Ich habe mich in meiner Arbeit immer von meiner Neugier leiten lassen" (S. 13, Z. 21 f.). Diese Neugier führt ihn jedoch nicht nur von den zentralen Themen, die für seine Arbeit relevant sind, weg, sondern führt auch dazu, dass er sich überhaupt Agnes nähert und später die Geschichte über sie verfasst, was er selbst als „Experiment" – Frucht der Neugier – bezeichnet (S. 50, Z. 21).

Neugier des Erzählers

Agnes als atypische Amerikanerin

Die Figur Agnes ist als atypische amerikanische Frau angelegt, so ist ihr Aussehen sehr schlicht (vgl. S. 14, Z. 1 ff.) und auch ihr Name ist für eine junge Amerikanerin ungewöhnlich, wie auch der Erzähler feststellt (vgl. S. 16, Z. 3). Das Bild dieser für den Leser beinahe nicht greifbaren Figur wird durch den Erzähler im Weiteren um Eigenschaften ergänzt, die sie häufig eigen und sogar seltsam erscheinen lassen.

Agnes' Bereitschaft, sich auf den Erzähler einzulassen

Nach ihrem Gespräch widmen sich beide wieder ihrer Arbeit und vor dem Verlassen der Bibliothek fragt der Erzähler die junge Frau, ob sie auch am nächsten Tag dort sein werde, was sie mit einem Lächeln bejaht. Die Tatsache, dass sie nun zum ersten Mal lächelt (vgl. S. 16, Z. 13), signalisiert ihre Bereitschaft, sich auf den Mann, der für den Leser augenscheinlich zu keiner wirklichen Intimität fähig ist, einzulassen.

Kapitel 3 (S. 17–21)

Vor dem zweiten Treffen in der Bibliothek blickt der Erzähler der Begegnung gelassen entgegen. Bereits zu diesem frühen Zeitpunkt wird deutlich, dass er dazu neigt, Dinge und Menschen kontrollieren zu wollen, und nicht dazu fähig ist, sich unbefangen auf zwischenmenschliche Beziehungen einzulassen, denn er „hatte schon Zweifel, dabei hatten [sie sich] noch nicht einmal verabredet" (S. 17, Z. 8 ff.).

Agnes gibt ihre Distanz auf

Agnes wirkt bei ihrem zweiten Treffen auf ihn verändert, weniger scheu und gesprächiger als am Tag zuvor (vgl. S. 17, Z. 23 ff.), ein weiteres Indiz dafür, dass sie ihre Distanz aufgibt und sich auf ihn einlässt. Sie erzählt ihm von

Einführung der Figur Herbert

einem sehr intensiven, beinahe traumhaften Liebeserlebnis ihres Freundes Herbert, der sich in einem unerwarteten Moment einer Fremden unendlich nah gefühlt und mit dieser einen einzigen Kuss erlebt habe, bevor diese wieder aus seinem Sichtfeld verschwunden sei. Der Ich-Erzähler nennt dieses Erlebnis eine „seltsame Geschichte" (S. 19, Z. 7). Er kann mit diesen irrationalen Emotionen nichts anfangen und ist kein Mensch, der sich von starken Gefühlsregungen leiten lässt, deshalb ist diese von Agnes geschilderte Begegnung für ihn unverständlich. Auch Agnes scheint die Geschichte plötzlich unangenehm zu sein und sie zieht sich zurück, als sie realisiert, dass ihr Gegenüber die Faszination dieses Augenblicks nicht teilen kann (vgl. S. 19, Z. 9ff.). Im weiteren Verlauf des Romans hegt der Ich-Erzähler gegen Herbert, der als Kontrastfigur zu ihm gewertet werden kann, eine gewisse Eifersucht.

Erster Café-Besuch

Bei ihrem dritten Treffen in der Bibliothek schlägt der Erzähler vor, gemeinsam ein bestimmtes Café aufzusuchen. Er begründet seine Vorliebe für dieses Lokal damit, dass man ihn dort noch nicht gut kenne und die Kellnerinnen daher nicht mit ihm plauderten. Auch das Freihalten von Lieblingsplätzen empfindet er als lästig und unangenehm (vgl. S. 19, Z. 27–S. 20, Z. 3), er mag es nicht, wenn Menschen seine Gewohnheiten kennen, und ist ein Einzelgänger. Auch der Leser erfährt daher neben seinen beruflichen Tätigkeiten nicht viel über den Erzähler.

Biografische Angaben zu Agnes

Agnes dagegen öffnet sich bei diesem gemeinsamen Kaffeetrinken weiter: Sie ist Physikstudentin und schreibt gerade ihre Doktorarbeit. Neben ihrer beruflichen Orientierung äußert sie ihre Vorliebe für Malerei und Gedichte (vgl. S. 20, Z. 4ff.), ein Kontrast zu dem naturwissenschaftlichen Studium, der ihre gefühlvolle Seite betont. Das Verhältnis zu ihren Eltern scheint nicht sonderlich gut zu sein, denn sie fühlt sich nach deren Umzug nach Florida von ihnen „alleine zurückgelassen" (S. 20, Z. 13f.). Auch sie ist kein geselliger Mensch, ihre sozialen Kontakte beschränken sich auf drei Streicherinnen, mit denen sie Cello spielt (vgl. S. 20, Z. 15ff.).

Kein intensives Kennenlernen

Über Privates wird auch bei diesem Treffen nur wenig geredet, die beiden sprechen „nur stichwortartig über [sich] selbst" (S. 20, Z. 27), das elementare intensive Kennenlernen am Anfang einer Beziehung findet schlichtweg nicht statt.

Kapitel 4 (S. 22–25)

Auffinden einer toten Frau auf dem Gehweg

Nach einigen Wochen des eher oberflächlichen Kennenlernens und weiterer Begegnungen in der Bibliothek lädt der Erzähler Agnes in ein Restaurant zum Abendessen ein. Als er dort eintrifft, findet er vor dem Restaurant eine tote Frau auf dem Gehsteig und alarmiert den Rettungsdienst. Die Tote ist noch jung und trägt „einen waldgrünen Wollpullover" (S. 22, Z. 16 f.), ein Verweis auf Agnes' späteren Kältetod im Wald.

Gespräch über den Tod

Agnes' Angst vor dem Tod

Im Restaurant entwickelt sich zwischen beiden ein Gespräch über den Tod, die existenzielle Angst der weiblichen Hauptfigur wird greifbar. Sie hat Angst vor dem Tod und der damit verbundenen Leere und Endlichkeit ihres Lebens (vgl. S. 24, Z. 7 ff.). Aus diesem Grund bittet sie den Erzähler später, eine Art literarisches Porträt von ihr zu erstellen, indem er eine Geschichte über sie schreibt; auch in ihre Doktorarbeit setzt sie die Hoffnung, etwas zu hinterlassen, das an sie erinnert.

Agnes' negative Grundhaltung

Insgesamt lässt sich bei der weiblichen Hauptfigur eine negative Grundhaltung und Welteinstellung feststellen: Bereits im ersten Kapitel erfährt der Leser, dass Agnes weder die Wohnung noch die gesamte Innenstadt mag; in diesem Kapitel reiht sich ein Grundbedürfnis des Menschen in die von ihr als negativ empfundenen Dinge ein, nämlich das Essen (vgl. S. 23, Z. 23). Von den meisten Menschen als Genuss empfunden, isst sie nur aus der Notwendigkeit heraus und empfindet den Vorgang als Belastung. Genuss und Freuden sind in ihrem Leben auf ein Minimum beschränkt, Pflichtbewusstsein und Ordnung dominieren.

Agnes begleitet den Erzähler in seine Wohnung

Nach dem gemeinsamen Essen begleitet Agnes den Erzähler in seine Wohnung, die sich im siebenundzwanzigsten Stock befindet, hoch über der Stadt. Auch wenn er in einem großen Gebäudekomplex mit vielen Menschen wohnt, steht dieser Wolkenkratzer für Anonymität. Seine Abende füllt der Erzähler üblicherweise mit Medienkonsum, zwischenmenschliche Beziehungen haben keine Bedeutung.

Kapitel 5 (S. 26–28)

Erste Liebesnacht

Die beiden Protagonisten verbringen in der Wohnung des Erzählers eine gemeinsame Liebesnacht. Auch wenn dies für Agnes die erste sexuelle Erfahrung ist, ist sie in diesem Moment unbefangen und selbstsicher (vgl. S. 26, Z. 2ff.). Der Beschreibung dieser ersten gemeinsamen Liebesnacht mangelt es seitens des Erzählers jedoch an jeder romantischen Darstellung. Sachlich und nüchtern beschreibt er ihr Beisammensein, ohne dass eine Gefühlsregung zu verzeichnen wäre.

Agnes' Beschäftigung mit ernsten Themen

Am frühen Morgen führen die beiden ein von Agnes initiiertes Gespräch über ein mögliches Leben nach dem Tod. Ihre Ausführungen sind sehr reflektiert und es wird deutlich, dass in allen von Agnes angesprochenen Dingen ein gewisser Ernst mitschwingt (vgl. S. 27). Die Fünfundzwanzigjährige scheint sich durchweg mit ernsten Themen auseinanderzusetzen, die für ihr Alter gewöhnliche Unbefangenheit und Leichtigkeit sind nicht vorhanden.

Gegensätzlichkeit der Figuren

Durch diesen Dialog wird dem Leser besonders die dominierende Gegensätzlichkeit der beiden Figuren vor Augen geführt: Während Agnes es als unbedingt erstrebenswert erachtet, nach ihrem Tod etwas zu hinterlassen und damit die Vergänglichkeit aufzuheben, stellt der Erzähler fest: „Ich will nicht ewig leben. Im Gegenteil. Ich möchte keine Spuren hinterlassen." (S. 28, S. 7f.) Vielleicht ist diese Einstellung auch ein Grund für die spätere kategorische Ablehnung eines Kindes (vgl. Kap. 19), denn er ist es, der den Gedanken formuliert, dass ein Leben nach dem Tod durch ein Weiterleben in den Erinnerungen der eigenen Kinder möglich ist (vgl. S. 28, Z. 1ff.).

Gegensätzlichkeiten der beiden Figuren		
	Agnes	**Ich-Erzähler**
Alter	• 25	• „Ich könnte fast dein Vater sein" (S. 26, Z. 22) → etwa Mitte 40
Heimat	• Chicago (USA); als ihre Eltern nach Florida ziehen, bleibt sie in ihrer Heimatstadt zurück	• Schweiz; reist viel und hält sich durch seine Arbeit oft lange Zeit nicht in seiner Heimat auf, ist nirgendwo wirklich verankert
Beziehungsverhalten	• ordnet sich unter • möchte sich öffnen • versucht, Kommunikation zu ermöglichen	• dominierend und lenkend • gibt nichts von sich preis • bricht Versuche der tieferen Kommunikation ab
Charakteristika	• geht mit ihren Ängsten und Unsicherheiten offen um • Bedürfnis nach Nähe • emotional	• Unsicherheiten machen ihm Angst, möchte kontrollieren • unnahbar • sachlich, nüchtern
Grundhaltungen	• fürchtet sich vor der Leere nach dem Tod, möchte Spuren hinterlassen	• ist darauf bedacht, nichts zu hinterlassen, der Gedanke an den Tod beschäftigt ihn nicht

Kapitel 6 (S. 29–33)

Agnes' problematische Beziehung zu ihren Eltern und die Folgen

Agnes und der Ich-Erzähler halten sich weiterhin in seiner Wohnung auf. Auffällig ist, dass Agnes sich im Badezimmer einschließt, als sie die Dusche benutzt. Auf die Frage des Erzählers, ob sie sich vor ihm schäme, antwortet sie, sie schließe aus Gewohnheit immer ab. Ihre Erklärung dafür ist, dass es in ihrem elterlichen Badezimmer keinen Schlüssel gegeben habe, sodass ihre Eltern teilweise die Toilette aufgesucht hätten, während sie geduscht habe (vgl. S. 29, Z. 10ff.), was gerade für ein junges Mädchen in besonderem Maße eine Verletzung der Intimsphäre bedeutet. Insgesamt zeichnet sich ein recht zerrüttetes Verhältnis zwischen der jungen Frau und ihren Eltern ab. Die gestörte Eltern-Tochter-Beziehung hat dabei einen maßgeblichen Einfluss auf die erwachsene Tochter, die unbewusst andere aus ihrer Intimsphäre ausschließt, wie hier anhand des Abschließens der Badezimmertür verdeutlicht wird. Insbesondere die Beziehung zu ihrem Vater scheint sich als sehr kompliziert und problembehaftet zu gestalten. So berichtet Agnes davon, dass sie auf Wunsch ihres Vaters den Pfadfindern beitreten musste, auch wenn diese Treffen ganz und gar nicht in ihren Neigungsbereich fielen (vgl. S. 32, Z. 21ff.). Es wird deutlich, dass die Tochter das Gefühl hat, die Erwartungen des Vaters nicht zu erfüllen, da sie nicht in sein vorgefertigtes Bild passt. Daher ist sie auch der Auffassung, dass er die Nachbarstochter, die auf einem Pfadfinderausflug ums Leben gekommen ist, tiefer geliebt habe als sie und weniger getrauert hätte, wenn der Ausflug in ihrem eigenen Tod geendet hätte (vgl. S. 33, Z. 15ff.). Es scheint, als habe Agnes nie das Gefühl inniger und bedingungsloser Liebe erfahren, was sie in ihrem Erwachsenenleben nachhaltig geprägt hat.

Gespräch über Schriftstellertätigkeit des Erzählers

Neben diesen Offenbarungen der jungen Protagonisten schildert der Erzähler außerdem ein Gespräch über seine Arbeit als Schriftsteller. Agnes bekundet Interesse an seiner

Arbeit und bedauert es, seine Bücher nicht lesen zu können, da sie der deutschen Sprache nicht mächtig ist. An dieser Stelle wird die Eitelkeit des Erzählers deutlich, der mit seinen bis dahin erzielten Arbeiten nicht zufrieden ist: „Ich schämte mich ein wenig für die magere Ausbeute meines bisherigen Lebens." (S. 30, Z. 8 f.) Auch wenn er es nicht zugibt, ist er mit sich selbst und seiner Lebensweise nicht im Reinen. Dieses überspielt er jedoch, indem er Agnes von seinen Versuchen als Literat erzählt und vorgibt, dass er weitere literarische Projekte „in der Schublade hätte" (S. 30, Z. 12 f.). Die junge Frau ermuntert ihn, sich wieder dem Schreiben literarischer Texte zu widmen. Dieser Aufforderung setzt er entgegen, dass er es nie geschafft habe, seine „Stoffe zu beherrschen" (S. 30, Z. 25 f.). Das Bedürfnis des Erzählers, die Kontrolle zu haben, wird durch diese Aussage besonders hervorgehoben. Später wird sich zeigen, dass dieses Bedürfnis sich auch auf Menschen übertragen lässt, wenn er Agnes durch die von ihm verfasste Geschichte „kontrolliert".

Kapitel 7 (S. 34–37)

Berufliche Reise des Erzählers nach New York

Einzelgängertum des Erzählers

Der Erzähler unterbricht die Schilderungen seiner Beziehung zu Agnes, um von einer beruflichen Reise nach New York zu berichten, genauer gesagt von der Zugfahrt. Er genießt es, dass der Sitzplatz neben ihm frei bleibt, ein weiteres Indiz für sein Einzelgängertum. Daher empfindet er auch die Frau, die schließlich den Platz neben ihm einnimmt, als lästig und verlässt seinen Platz, um an der Bar etwas zu trinken. Ebenso fühlt er sich von dem Mann im Barwagen, der versucht mit ihm Konversation zu betreiben, belästigt (vgl. S. 35, Z. 8 f.). Als er in sein Abteil zurückkehrt, ist die Frau, von deren Nähe er sich bedrängt fühlt, was besonders durch die negative Beschreibung ihrer Körperfülle zum Ausdruck gebracht wird (vgl. S. 34, Z. 9 ff.), eingeschlafen. Auch wenn er selbst sich stets von dem Eindringen anderer in seine Privatsphäre bedroht fühlt, achtet er umgekehrt die Intimsphäre anderer nicht, denn er blättert ungeniert in dem Buch seiner Sitznachbarin. Als diese wieder erwacht, erzählt sie ihm von dem Anlass ihrer Reise: Sie reist zu einem Mann, den sie bislang nur über eine Organisation kennt und den sie dennoch für ihre große Liebe hält. Insgesamt stellt sie das genaue Gegenteil des Erzählers dar, sie glaubt an die Liebe, ist unbeschwert und bereit dazu, sich bedingungslos auf den Mann, der ihr noch nie persönlich begegnet ist, einzulassen. Hier dominieren Emotionen eindeutig über die Ratio. Auch dieses Extrem ist von Stamm jedoch so angelegt, dass es die Einsamkeit des Einzelnen vor Augen führt, denn die Zugreisende, die als sehr unattraktiv beschrieben wird, scheint beinahe verzweifelt an einen Menschen glauben zu wollen, der ihr Schicksal ändern kann. Mögliche Gefahren sieht sie dabei nicht, weshalb sie auch die Mahnung zur Vorsicht durch den Erzähler nicht erst nimmt.

Frau im Zug als Kontrastfigur zum Erzähler

Dieses Kapitel treibt, anders als die vorangegangenen, die Geschichte über die Beziehung des Erzählers zu Agnes nicht weiter voran. Insgesamt finden sich im Roman mehrere solcher eingeschobener Erzählungen und Schilderungen (vgl. z. B. den Hinweis auf den Tod der Nachbarstochter im Pfadfinderlager, Kap. 6); der eigentlich chronologische Bericht über die Beziehung wird also immer wieder durch Einschübe unterbrochen bzw. ergänzt, die sich aus dem von Agnes Preisgegebenen oder durch nebensächliche Schilderungen des Erzählers ergeben. Auf diese Weise gelingt es dem Autor, die Figuren indirekt zu charakterisieren und ihre Unzulänglichkeiten zu unterstreichen.

Funktion der eingeschobenen Erzählungen

Kapitel 8 (S. 38–46)

Nach seiner Rückkehr aus New York lädt Agnes den Erzähler zum ersten Mal in ihre Wohnung ein, ein Hinweis darauf, dass sie ihre Schutzhaltung nun weitgehend abgelegt

Erster Besuch des Erzählers bei Agnes

hat, denn ihre Wohnung ist ihr privater Rückzugsort, den sie sich sogar weiter erhält, als sie später in die Wohnung des Erzählers zieht. Allerdings stellt dieser fest, dass der für die junge Frau so wichtige Ort seltsam „unbelebt“ (S. 39, Z. 13) wirkt, auch wenn Agnes sich bei der Einrichtung augenscheinlich große Mühe gegeben hat, eine wohnliche Atmosphäre zu schaffen (vgl. S. 38, Z. 14–18, S. 39, Z. 12f.). Der Frau, die darauf bedacht ist, nach ihrem Tod Spuren zu hinterlassen, gelingt dies absurderweise nicht einmal in ihrer eigenen Wohnung, wodurch sie eigenartig anonym wirkt.

Anlass der Einladung: erster Schreibversuch der Protagonistin

Nach einer kurzen Schilderung ihrer Diplomfeier, auf der sie Herbert, ihren jetzigen platonischen (rein seelisch-geistigen) Freund, kennenlernte und ein weiteres Mal Differenzen mit ihrem Vater hatte, wird der Anlass für ihre Einladung ersichtlich: Voller Enthusiasmus zeigt sie dem Erzähler eine von ihr verfasste Geschichte. Augenscheinlich hat das Gespräch über seine literarischen Versuche sie zum Schreiben angeregt. Ihre Begeisterung für diese Tätigkeit ist in den Schilderungen des Erzählers beinahe greifbar (vgl. S. 41, Z. 22–24), von einer Erregung beim Erzähler selbst, dem sie voller Freude aufgeregt ihre erste Geschichte zeigt, ist jedoch nichts zu spüren. Schnell wird deutlich, dass er die schriftstellerischen Versuche seiner Freundin eher mit Argwohn betrachtet. Folglich liest er den Text nur widerwillig und zeigt kein Interesse an dem Geschriebenen (vgl. S. 42, Z. 13ff.). Vielmehr fühlt er sich sogar von ihr genötigt, sich mit dem Text auseinanderzusetzen, und

Keine Unterstützung durch den Erzähler

empfindet dies als Zumutung. Die junge Frau erfährt durch ihn also keinerlei Unterstützung ihrer Interessen. Stattdessen nimmt er ihr die Freude am Schreiben und erstickt sie im Keim (vgl. S. 43, Z. 7–11), um sein eigenes Scheitern zu kompensieren, denn insgeheim muss er sich eingestehen, dass dieser erste Versuch viel besser ist als seine eigenen Werke (vgl. S. 43, Z. 15–17). Mit seiner Einschätzung „Die

Geschichte wird immer enger, wie ein Trichter. Und irgendwann ist das Resultat null." (S. 43, Z. 9–11) fällt er nur fadenscheinig ein Urteil über den Text, eigentlich bringt er hier seine Bindungsunfähigkeit zum Ausdruck und zeigt auf, dass die Beziehung zum Scheitern verurteilt ist, denn gegenüber dem Leser gesteht er ein, dass es „schon lange nicht mehr um die Geschichte [ging]" (S. 43, Z. 13f.). Agnes zeigt ihre Enttäuschung über das vernichtende Urteil nicht und löscht konsequent den von ihr verfassten Text, ein Zeichen dafür, dass sie sich seiner Einschätzung und damit seiner Weisung beugt.

Urteil über die Geschichte als Zeichen der Bindungsunfähigkeit des Erzählers

In einem weiteren Schritt der Annäherung versucht Agnes, dem Erzähler einen Einblick in ihre Arbeit zu geben, für die er allerdings eher Unverständnis aufbringt. Dass es ihr ein großes Anliegen ist, ihre Einsamkeit zu überwinden, weshalb sie wahrscheinlich auch bereit ist, sich dem Erzähler zu fügen, wird besonders daran ersichtlich, dass sie an dem Klopfen der Dampfheizung Gefallen findet, da es ihr das Gefühl gibt, „nicht allein zu sein" (S. 46, Z. 4).

Anges' Bedürfnis, ihre Einsamkeit zu überwinden

Agnes schreibt ihre Dissertation über die Symmetrien der Symmetriegruppen von Kristallgittern und ist besonders interessiert an den „wirklichen Anordnungen der Atome. [Denn] [g]anz tief in fast allem ist Symmetrie. […] Das Geheimnisvolle ist die Leere in der Mitte […], das, was man nicht sieht, die Symmetrieachsen" (S. 44, Z. 25–S. 45, Z. 3). Auf seine Frage, was das mit ihnen zu tun habe, da sie beide asymmetrisch seien, antwortet sie ihm, es sei „die Asymmetrie, die das Leben überhaupt erst möglich macht. Der Unterschied zwischen den Geschlechtern. […] Asymmetrien haben immer einen Grund und eine Wirkung" (S. 45, Z. 7–11). Agnes ist daran gelegen, Dinge zu erforschen. Es geht ihr nicht nur um die Anordnungen von Atomen, sondern sie möchte auch das Prinzip zwischenmenschlicher Beziehungen erkennen, um diese greifbarer zu machen. Dabei ist sie bereits zu der Erkenntnis gekom-

Bedeutung von Asymmetrien

men, dass es ideale Paarungen nur sehr selten gibt (vgl. Kap. 28). Insgesamt scheinen Asymmetrien vorherrschend in ihrem Leben zu sein: Sie lässt sich nicht nur auf den Ich-Erzähler ein, der ein gegensätzliches Lebenskonzept verfolgt und sich auch in seinen Wesenszügen stark von ihr unterscheidet (vgl. Kap. 5), sie selbst vereint ebenfalls Wesenszüge in sich, die sehr gegensätzlich sind, zum Beispiel ist sie Naturwissenschaftlerin und strebt eine tiefere Erkenntnis an, gleichzeitig hat sie aber auch eine irrationale Seite, die sich unter anderem in der Macht zeigt, die Literatur über sie ausüben kann (vgl. Kap. 27).

Kapitel 9 (S. 47–52)

Bitte an den Erzähler, eine Geschichte über sie zu schreiben

Nach einem Spaziergang eröffnet Agnes dem Erzähler den Wunsch, er möge eine Geschichte über sie schreiben, die eine Art Porträt ihrer Person darstellen soll. Es ist ihr ein Anliegen, dass er sie in ihrem Wesen einfängt, denn sie ist der Meinung: „Es gibt kein einziges Bild von mir. Auf dem man mich sieht, wie ich bin.“ (S. 48, Z. 20ff.) Die junge Frau fühlt sich in ihrer Umwelt unverstanden und fremd, ein Porträt, das auch nach ihrem Tod Bestand hat, soll ihr gerecht werden. Dafür setzt sie all ihr Vertrauen in den Erzähler, den sie erst seit kurzer Zeit kennt. Trotz dieser kurzen Zeit, die sie gemeinsam verbracht haben, traut sie es ihm zu, dieses für sie so wichtige Porträt anzufertigen. Der Erzähler willigt nach anfänglichem Zweifel ein, jedoch nicht aus Überzeugung, sondern vielmehr aus Neugier. Für ihn handelt es sich bei der Geschichte lediglich um ein interessantes „Experiment“ (S. 50, Z. 21), der Herzenswunsch seiner Freundin ist also nicht ausschlaggebend für seine Entscheidung. Agnes scheint sich daran allerdings nicht zu stören und möchte direkt mit dem Schreiben ihrer Liebesgeschichte beginnen. Der Erzähler weist sie jedoch zurück und zeigt auf, dass er allein an der Geschichte arbeiten wird: „Nein […] nicht wir. Ich schreibe die Geschichte.

Und vorher möchte ich mir das Feuerwerk anschauen." (S. 50, Z. 26 ff.) Die dominierende Haltung des Erzählers ist nicht zu verkennen. Und als Agnes entgegnet, dass sie kein Interesse am Feuerwerk habe, formuliert er den ersten Satz der Geschichte über Agnes, welcher beinhaltet, dass sie gemeinsam das Feuerwerk betrachten. Er nutzt also bewusst die Macht, die er durch das Schreiben über Agnes besitzt, denn diese führt wie eine Marionette die von ihm beschriebenen Handlungen aus und begibt sich somit in eine Abhängigkeit. Immer wieder lenkt der Erzähler mit der von ihm verfassten Geschichte die junge Frau, bis diese am Ende sogar den von ihm erdachten Tod verwirklicht.

Dominanz des Erzählers

Die Geschichte, die der Erzähler über Agnes verfasst und die meistens durch Kursivdruck kenntlich gemacht ist, stellt eine Geschichte innerhalb der Geschichte dar, sodass sich drei Handlungsebenen ergeben:

Geschichte in der Geschichte

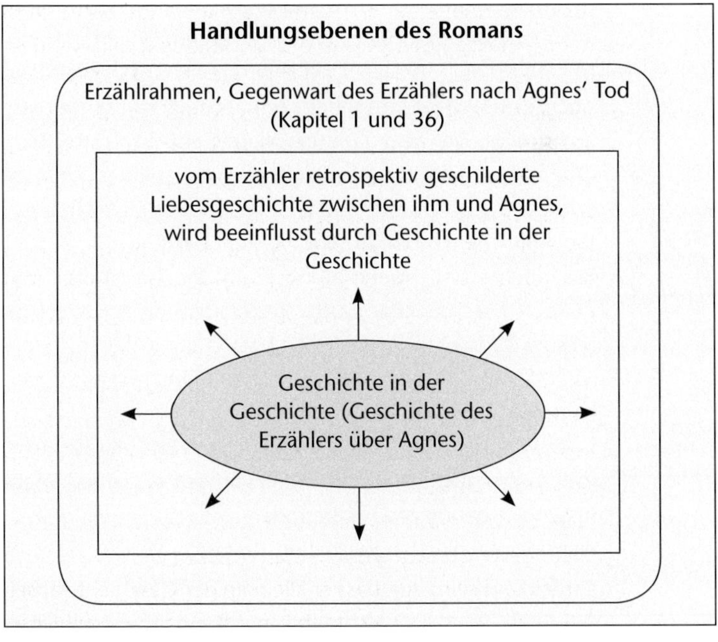

Kapitel 10 (S. 53–55)

Kommunikationsstörung

Der Erzähler beginnt, die Geschichte über Agnes zu verfassen, während sie ihm Modell sitzt, wobei ihm „trotz des Lächelns der Ernst in ihrem Gesicht und ihr Blick, dessen Sprache [er] nicht verstand" (S. 53, Z. 10 ff.), auffallen. Die Beziehung der beiden ist grundsätzlich von Kommunikationslosigkeit und -problemen auf verbaler und nonverbaler Ebene geprägt. Dem Erzähler gelingt es bis zu Agnes' Tod nicht, ihre Signale zu deuten und ihre Bedürfnisse zu erfassen, was auch auf sein mangelndes Bemühen zurückzuführen ist. Ebenso wenig ist er bereit, sich ihr zu öffnen, sodass eine tiefreichende Kommunikation unmöglich ist, was an späterer Stelle verdeutlicht wird.

Agnes' Wunsch, Unangenehmes auszublenden

Agnes kommentiert das von ihm Geschriebene und nimmt so Einfluss auf das Bild, das von ihr entsteht. Sie möchte, dass es „nett" (S. 53, Z. 14) wird, und würde ihr unangenehme Passagen gern ausgelassen wissen. Wie sehr sie ihre Probleme mit dem Vater und ihre gesamte nicht aufgearbeitete Kindheit belasten, wird in diesem Zusammenhang noch einmal hervorgehoben. Am liebsten würde sie diese aus ihrem Leben und damit aus dem Gedächtnis streichen: „Ist es unbedingt nötig, daß du von meiner Kindheit schreibst? [...] Kann ich nicht einfach in der Bibliothek auftauchen, wie ich bin? So wie ich jetzt bin?" (S. 55, Z. 5 ff.) Sie möchte ihre eigene Identität auf die Gegenwart und Zukunft beschränken, da die Vergangenheit zu tiefe Spuren des Schmerzes hinterlassen hat.

Kapitel 11 (S. 56–60)

Funktion der Erzähltechnik

Beim Verfassen der Geschichte wird dem Erzähler bewusst, wie unterschiedlich Agnes und er die gemeinsamen Erlebnisse wahrgenommen haben, da Agnes oft Einwände hat, wenn er ihr die fertiggestellten Passagen vorliest. Dies ist ein eindeutiger Hinweis an den Leser, das Bild, das er von Agnes aus der Perspektive des Erzählers geliefert bekommt, zu hinterfragen. Dem Erzähler selbst gelingt es in weiten Bereichen nicht, die Frau an seiner Seite zu verstehen, sie wirkt auf ihn bisweilen „seltsam fremd“ (S. 57, Z. 25); es ist also nicht verwunderlich, dass der Leser sich der literarischen Figur Agnes nicht nahe fühlen kann, Möglichkeiten zur Identifikation fehlen.

Dominanz des Erzählers

Wenn Agnes versucht, den Erzähler zu berichtigen, weil er etwas falsch wiedergegeben hat, setzt er sich meist mit seiner Version der Geschichte durch, auch wenn er sich „nicht immer sicher [ist], ob Agnes nicht vielleicht doch recht hatte“ (S. 56, Z. 9 ff.). Das dominierende Verhalten des Erzählers ist unverkennbar, er ist der Richtungweisende und beharrt auf seinem Recht des Gewinnens wegen, auch wenn das bedeutet, dass er etwas Falsches verteidigen muss.

Geschichte erreicht die Gegenwart: Einflussnahme des Erzählers auf Agnes

Die Arbeit an der Geschichte schreitet schnell voran und so hat der Erzähler beim Schreiben bereits die Gegenwart erreicht, was bedeutet, dass er nun mit seinem geschriebenen Wort maßgeblichen Einfluss auf die junge Frau nehmen kann. Dabei wird er jedoch von seinen eigenen Bedürfnissen und Anschauungen geleitet; das Wesen der Partnerin lässt er eher außer Acht, was nicht weiter verwunderlich ist, da er sie weder gut genug kennt noch bereit dazu ist, sich auf einen anderen Menschen völlig einzulassen. Als Agnes während einer Wanderung durch einen Park bei einer Pause einschläft, beginnt er sie näher zu betrachten, wobei ihm ihr Gesicht „wie eine unbekannte Landschaft“ (S. 58, Z. 24 f.) erscheint; es ist geradezu paradox, dass ausgerechnet dieser Mann ein Porträt von ihr anfertigt. Nach eingehender Betrachtung der Schlafenden in diesem Moment der Sonne (vgl. S. 58, Z. 21) fühlt er sich ihr das erste Mal bewusst wirklich nahe, ein Erlebnis, das für ihn gleichzeitig beängstigend ist (vgl. S. 59, Z. 6–10). Dieses eindringliche Gefühl von Nähe und Intimität wird jedoch nicht lange vorhalten, ein Eindruck, der insbesondere durch die Naturbe-

Für den Erzähler beängstigender Moment der Nähe

schreibungen verstärkt wird, denn „[d]ie letzten Sonnenstrahlen waren von der Wiese verschwunden, und es wurde kühler" (S. 59, Z. 11–13). Trotz seines fortgeschrittenen Alters gelingt es dem Erzähler nach dem Spaziergang zudem nicht, seine Gefühle über eine einfache Liebesbekundung hinaus zu artikulieren, eine innigere Bindung erscheint unmöglich (vgl. S. 60, Z. 1–3).

Kapitel 12 (S. 61–63)

Liebe als Bedrohung

Nach dem Erlebnis der Intimität im Park fühlt sich der Erzähler augenscheinlich in einer tiefen Liebe zu Agnes gefangen, die er als „fast körperliche Abhängigkeit" (S. 61, Z. 3) und „demütigende[s] Gefühl, nur ein halber Mensch zu sein" (S. 61, Z. 4), empfindet. Die Liebe kann also nicht von Dauer sein, da für ihn augenscheinlich nicht die positiven Emotionen überwiegen; vielmehr fühlt er sich durch die tiefe Zuneigung seiner eigenen Identität beraubt. Trotz seines bereits fortgeschrittenen Alters ist das Empfinden von Liebe etwas Neues für ihn (vgl. S. 61, Z. 15–17), etwas, das sich seiner von außen bemächtigt. Da Agnes diese Gefühle in ihm hervorruft, beginnt er, sie genauer zu betrachten, wobei ihm verschiedene Eigenarten auffallen, so zum Beispiel die Angewohnheit, den Körperkontakt mit anderen Menschen zu vermeiden, Gegenstände dagegen aber permanent zu berühren und zu betasten (vgl. S. 62, Z. 3ff.). Die Menschen scheinen für sie eine Bedrohung darzustellen, Gegenstände geben ihr demgegenüber Sicherheit, sie kann sie erforschen und für sich erschließen.

Agnes als Marionette des Erzählers

Seine Geschichte hat der Erzähler nun so weit vorangetrieben, dass er die Gegenwart überholt hat und bereits von Zukünftigem schreibt, Agnes ist somit „[s]ein Geschöpf" (S. 62, Z. 23), seine Marionette. Die Grenzen zwischen der realen Frau und der vom Erzähler geschaffenen literarischen Figur verschwimmen. Als Schriftsteller hat er nun nicht nur das Schicksal seiner Figur, sondern auch das seiner Partnerin in der Hand. Spielerisch sagt er ihr voraus, welches Kleid sie am nächsten Tag tragen wird. Dass dieses Spiel jedoch tragisch endet und Agnes in den Tod führt, ahnt er noch nicht.

Kapitel 13 (S. 64–66)

Fatale Beziehungskonstellation

Was im vorherigen Kapitel bereits angedeutet wurde, wird nun offensichtlich: Agnes leistet den Anweisungen, die der Erzähler ihr indirekt über die Geschichte liefert, Folge. Wie von ihm vorgeschrieben, erscheint sie in dem kurzen Kleid, das der Erzähler durch seinen Text festgelegt hat. Das Tragen des für die Jahreszeit viel zu dünnen Kleides weist auf die für die junge Frau ungesunde Beziehungskonstellation hin. Für den Erzähler sind die Beziehung zu der jungen Frau und das Schreiben der Geschichte eine willkommene Abwechslung, ein Experiment, das er leichtfertig betreibt. Über die Folgen macht er sich keine Gedanken. Unter anderem schreibt er ihr durch die Geschichte vor, dass sie in der Nacht auf dem Dach die Sterne betrachten. Dass die Nacht regnerisch ist und Agnes ohnehin durch seine Vorgabe zu kühl gekleidet ist, spielt für ihn dabei keine Rolle. Sachlich berichtet er in einem Satz von der Erkältung, die sie sich bei diesem Ausflug auf das Dach zugezogen hat (vgl. S. 66, Z. 15f.), eine Vorausdeutung auf das fatale Ende, das die Beziehung nimmt. Der Erzähler, in den Agnes ihre Hoffnung auf ein Überwinden ihrer Einsamkeit setzt, ist für sie in seinem Egoismus schädlich.

Agnes' Einzug in die Wohnung des Erzählers

Durch sein Schreiben nimmt er nicht nur Einfluss auf banale Dinge wie die Kleidung seiner Partnerin, er geht sogar so weit, dass er sie durch den Text fragt, bei ihm einzuziehen. Eine Kommunikation zwischen den beiden Protagonisten findet nicht statt. Sogar diese so bedeutsame Frage nach dem Zusammenziehen spielt sich zwischen den literarischen Figuren des Erzählers ab. Diese Kommunikationslosigkeit ist bezeichnend für das Paar, insbesondere für den

Erzähler. Durch ihre Isolation und Einsamkeit sind sie zu einer tiefreichenden Kommunikation und Artikulation ihrer Gefühle nicht mehr fähig. Wie vorgegeben willigt Agnes ein und zieht Ende September zum Erzähler. Ihre eigene Wohnung behält sie aber vorerst.

Kapitel 14 (S. 67–69)

Stocken des Schreibprozesses, da Glück keine Vorlage für Kunst sein kann

Nach dem Einzug ist in die Beziehung eine gewisse Routine eingekehrt und der Erzähler stellt das Schreiben fast ein. Seine Arbeiten an dem Sachbuch über Luxuseisenbahnen treten in den Hintergrund und er bittet darum, den Abgabetermin zu verlängern, ein Hinweis auf seine komfortable finanzielle Situation. Auch an der Geschichte über Agnes schreibt er kaum noch weiter, da ihr „gleichmäßiges Leben" (S. 68, Z. 8) und das Glück allgemein für sein Dafürhalten nicht als Vorlage für eine gute Geschichte geeignet sind. Das Glück ist für ihn etwas Vergängliches, das nicht festgehalten werden kann, somit kann auch der Zustand der Glückserfahrung in der Beziehung nicht von Dauer sein. Er teilt seine Schwierigkeiten beim Schreiben und die Ansicht, Glück könne keine Vorlage für Kunst liefern, Agnes mit und gemeinsam besuchen sie das Art Institute of Chicago, wo sie nach einem Bild suchen, das glückliche Menschen zeigt. Dort stoßen sie auf Seurats[1] Gemälde „Un Dimanche d'été à l'Ile de la Grande Jatte"[2], das nach ihrer Einschätzung zwar keine glücklichen Menschen zeigt, jedoch eine gewisse Ruhe ausstrahlt, die sie am ehesten an Glück erinnert. Der Erzähler meint, Agnes in dem Bild wiederzuerkennen, sie selbst sieht sich jedoch in einer anderen Figur. In seinem Kopf hat er ein Bild der Frau an seiner Seite geschaffen, das ihr nicht nahe kommt. Es handelt sich um

Besuch des Art Institute of Chicago

---

[1] Georges Seurat (1859–1891): französischer Maler, bekannt für die konsequente Konstruktion seiner Gemälde durch Farbkontraste

[2] Dt.: Ein Sonntag im Sommer auf der Insel la Grande Jatte

ein Konstrukt, das seinen Vorstellungen entspricht; seine Beziehung zu der jungen Frau ist ebenso konstruiert wie das Gemälde Seurats, an dem er Gefallen findet.

Unfähigkeit der Figuren, glücklich zu sein

Durch das Gemälde angeregt, formuliert Agnes den Gedanken „Glück malt man mit Punkten, Unglück mit Strichen [...] Und daß es Glück war, wird man erst aus der Distanz sehen" (S. 69, Z. 24 ff.). Beiden Protagonisten ist es nicht möglich, in ihrem Glück aufzugehen und es zu erhalten. Agnes scheint sogar nicht in der Lage zu sein, das Glück als solches zu erkennen. Beide Figuren sind also unfähig, ein glückliches Leben zu führen.

Das Gemälde „Un Dimanche d'été à l'Ile de la Grande Jatte" (1884 – 1886) von Georges Seurat

Kapitel 15 (S. 70 – 74)

Entschluss, eine Wanderung zu unternehmen

Der Erzähler und Agnes beschließen, ein langes Wochenende im Oktober dazu zu nutzen, die Stadt zu verlassen. Bezeichnenderweise schlägt der Erzähler einen Ausflug nach New York vor. Die Stadt repräsentiert in Stamms Roman Kälte und Anonymität; dass der Erzähler einen Ausflug in eine noch größere Stadt vorschlägt, zeigt ein weiteres Mal seine Unnahbarkeit auf. Agnes dagegen schlägt eine

Wanderung in der Natur vor, ein Hinweis auf ihre Bereitschaft, Emotionen und Gefühle zuzulassen.
Gemeinsam begeben sie sich auf eine Wanderung in einem Nationalpark. Die Natur wird dabei vom Erzähler als Bedrohung und ein unkontrollierbares Etwas wahrgenommen, in dem die Orientierung schwerfällt. Als sie abends am Feuer sitzen, wird Agnes, die zuvor bereits Anzeichen der Schwäche gezeigt hat, bewusstlos. Sie fröstelt und ihr Gesicht wirkt während der Ohnmacht „kreidebleich" (S. 73, Z. 11), das Todesmotiv spitzt sich also immer weiter zu. Der Erzähler wird in dieser Situation von einer „panische[n] Angst" (S. 73, Z. 17) ergriffen, die in seiner Hilflosigkeit begründet liegt, welche sich wiederum aus der Entfernung zur Zivilisation ergibt. Als Agnes wieder zu sich kommt, versichert sie, dass es ihr gut gehe. Beide Protagonisten können Agnes' körperliche Verfassung, die als erstes Anzeichen einer Schwangerschaft ausgelegt werden können, nicht richtig deuten.

Zuspitzung des Todesmotivs

Kapitel 16 (S. 75–78)

Agnes fühlt sich am nächsten Morgen besser, so setzen sie ihre Wanderung fort. Dabei stoßen sie auf die Ruinen einiger Häuser, derer sich die Natur bereits bemächtigt hat. Verfall und Vergänglichkeit dominieren das Gebiet. Auch die Kirche und der angeschlossene Friedhof sind zerfallen, ein Hinweis auf das Vergessen, das Agnes sonst zumeist große Angst bereitet. Sie selbst ist der Meinung, von ihrer „Generation wird nur der Schmutz zurückbleiben" (S. 77, Z. 12f.). Agnes ist Teil einer Generation in der Identitätskrise. Anders als bei ihren Vorfahren gibt es keine großen Entdeckungen zu machen und Krisen durchzustehen, vielmehr steht diese Generation sich als Mensch selbst im Weg und scheint nutzlos zu sein.

Agnes als Repräsentantin einer Generation in der Identitätskrise

Insgesamt verweisen die Schilderungen der Wanderung deutlich auf den bevorstehenden Tod der weiblichen Hauptfigur; Agnes selbst nimmt ihren späteren Kältetod und ihr spurloses Verschwinden vorweg, wenn sie sagt: „Stell dir vor, in wenigen Wochen liegt hier Schnee, und dann kommt für Monate niemand hierher, und alles ist ganz still und verlassen. Es heißt, zu erfrieren sei ein schöner Tod." (S. 77, Z. 28–S. 78, Z. 3) Zudem weist das Unwetter, das während der Heimfahrt heraufzieht, bereits auf die Komplikationen in der Beziehung und deren nahendes Ende hin. Der Höhepunkt der Beziehung ist dem Wetter entsprechend überschritten. Die Liebe, die im Frühjahr erblüht ist und sich den Sommer durch weiter entfaltet hat, ist im Begriff zu vergehen.

Wanderung als Vorausdeutung auf Agnes' Tod

Kapitel 17 (S. 79–82)

Zurück in Chicago, setzt der Erzähler die Arbeiten an der Geschichte fort. Er verfasst wie selbstverständlich einen Teil, in dem er Agnes fragt, ob sie ihn heiraten wolle, und lässt sie einwilligen. Im Anschluss daran gerät sein Schreibfluss ins Stocken, die Ehe scheint eine Sackgasse zu sein. So spinnt er die Gedanken im Kopf weiter und fühlt sich dabei fremdgesteuert (vgl. S. 80, Z. 22). In einem engen Treppenhaus, das sinnbildlich für die ihn bedrängende Beziehung steht, sagt Agnes, sie habe ihn nie heiraten wollen, worauf er ihr vorwirft, ihn nie wirklich geliebt zu haben (vgl. S. 81, Z. 4 ff.). Seine Gedanken werden immer wirrer und die Unsicherheiten des Erzählers zeigen sich. Realität und Fiktion scheinen zu verschwimmen; der Erzähler fantasiert mit offenen Augen, anders als die Auszüge aus seiner Geschichte sind diese Fantasiekonstrukte jedoch nicht kursiv gedruckt. Und so glaubt der Erzähler selbst, in seiner Fantasie die reale Ablehnung seiner Partnerin erkannt zu haben. Auch wenn er nach eigener Aussage nie an eine tatsächliche Heirat gedacht hat, deprimiert ihn die vermeintliche Ablehnung. Der angedeutete Kontrollverlust verunsichert ihn, was an seiner ungewöhnlich emotionalen Reaktion abzulesen ist.

Ineinandergreifen von Realität und Fiktion

Kapitel 18 (S. 83–86)

Ablehnung des Erzählers, Agnes zu einer Halloweenparty zu begleiten

An Halloween möchte Agnes an dem Umzug und der anschließenden Party der Universität teilnehmen und scheint sich auf diese Veranstaltung zu freuen. Der Erzähler lehnt es allerdings ab, sie zu dieser Feier zu begleiten, auch wenn dies die einzige gesellige Neigung ist, die man bei Agnes entdecken kann. Er teilt ihre Freude nicht und sagt, er könne sie nicht begleiten, da er zu einer Feier der Bahngesellschaft eingeladen sei. Agnes ist über diese Zurückweisung enttäuscht, woraufhin er ihr versichert, schnellstmöglich nachzukommen, was sie jedoch nicht versöhnlich stimmt.

Kennenlernen Louises

Auf der Feier der amerikanischen Bahngesellschaft lernt der Erzähler Louise kennen, eine gut situierte Tochter eines Franzosen und einer Amerikanerin. Louise spricht ihn an, während er vom Balkon den Halloweenumzug beobachtet, dem Agnes beiwohnt. Sie macht keinen Hehl aus ihrer Verachtung für das Treiben und stellt auch ihre Abneigung gegen die Amerikaner offen zur Schau. Allgemein scheint Louise eine Kontrastfigur zu Agnes darzustellen. Selbstbewusst spricht sie den Erzähler an, sie ist insgesamt eine redselige und offene Frau, wohingegen Agnes häufig seltsam scheu und verschlossen wirkt. Im Laufe des Gesprächs berichtet der Erzähler von seiner Arbeit als Sachbuchautor und Louise eröffnet ihm die Möglichkeit, Einsicht in Dokumente der Waggonfabrik Pullman zu nehmen, da sie in der Public-Relation-Abteilung der Pullman Leasing arbeitet.

Anbahnung einer intimen Beziehung

Dass ihre Treffen sich nicht aufs Dienstliche beschränken werden, ist dabei durch die Weitergabe ihrer Privatnummer und des Kusses auf die Wangen ersichtlich. Zudem zieht der Erzähler die Unterhaltung mit Louise der Zusammenkunft mit Agnes vor, denn entgegen seinem Versprechen, noch vor Mitternacht auf der Party der Universität zu erscheinen, verlässt er die Feier der Bahngesellschaft erst nach Mitternacht.

Kapitel 19 (S. 87–91)

Verärgerung der Protagonistin

Der Erzähler unternimmt einen halbherzigen Versuch, Agnes auf der Universitätsparty zu finden, gibt aber schon nach kurzer Zeit auf und geht nach Hause. Als Agnes am frühen Morgen zurückkehrt, ist sie verärgert und enttäuscht und reagiert entgegen ihrer sonstigen Zurückhaltung sehr emotional und aufbrausend, da sie sich zurückgesetzt und alleingelassen fühlt. Auch später am Morgen ist sie weiterhin verärgert, da sie „stundenlang […] gewartet" (S. 87, Z. 25) hat. Nachdem sie fast den ganzen Tag im Bett verbracht hat, regt sie dann allerdings ein Gespräch über den Fortgang ihrer Beziehung nach der Beendigung des Buches, an dem der Erzähler gerade arbeitet, an und es wird deutlich, dass der Erzähler sich noch nicht mit diesem Thema auseinandergesetzt hat. Auf die Erkundigung, was er mache, wenn sein Buch fertig sei, antwortet er, er werde ein nächstes schreiben; dass Agnes eine Frage gestellt hat, die auf der Beziehungsebene beantwortet werden soll, scheint ihm dabei völlig zu entgehen (vgl. S. 88, Z. 21 ff.), so muss sie ihre Frage noch konkreter formulieren: „Was geschieht mit uns, wenn du fertig bist?" (S. 88, Z. 24) Nach einem kurzen Zögern antwortet er, dass sie darüber reden müssten. Entgegen seiner eigenen Aussage entwickelt sich jedoch kein Gespräch, vielmehr bricht die Unterhaltung ab. Als Agnes ihm schließlich eröffnet, dass sie schwanger ist, reagiert er mit Ablehnung und blendet die Gefühle und Gedanken seiner Partnerin völlig aus. Er ist nur auf sich fixiert und wendet sich von Agnes, die gerade jetzt seine Nähe bräuchte, ab, was sich sogar in seiner räumlichen Orientierung und Körpersprache manifestiert, denn er setzt sich neben sie, „ohne sie zu berühren" (S. 89, Z. 13). Eine Schwangerschaft stimmt nicht mit seiner Planung überein. Insbesondere weicht diese Entwicklung von der Frauenfigur ab, die er in seiner Geschichte geschaffen hat. Und so wirft er Agnes vor, ihn nicht zu lieben, weil sie

Von Agnes initiierter Versuch eines Gesprächs über den Fortgang der Beziehung

Mitteilung der Schwangerschaft und deren kategorische Ablehnung durch den Erzähler nicht seinem Bildnis von ihr entspricht (vgl. S. 89, Z 25f.). Es ist nicht mehr die reale Person, die ihn fasziniert, seine Gefühle gelten der von ihm erdachten Figur, Abweichungen von dieser kann er nicht dulden und so ist es ihm nicht möglich, die Frau Agnes in ihrem Menschsein und ihren Regungen zu akzeptieren, geschweige denn zu lieben. Die Möglichkeit, für das ungeborene Kind gemeinsam zu sorgen, schließt er kategorisch aus: „Ich will kein Kind. Ich kann kein Kind gebrauchen. [...] Ich brauche kein Kind." (S. 90, Z. 14ff.) Sein Standpunkt steht in dieser Hinsicht fest und er schlägt eine Abtreibung vor, was Agnes tief verletzt. Statt sich mit der Situation eingehend auseinanderzusetzen, sagt er „Ich liebe dich. Wir müssen reden." (S. 90, Z. 26), eine leere Floskel, die bedeutungslos ist. Agnes bringt eine der grundlegenden Problematiken der Beziehung auf den Punkt, indem sie feststellt: „Immer sagst du, wir müssen reden. Aber du redest nie." (S. 90, Z. 27f.) Angewidert und enttäuscht schickt sie ihn fort, die Beziehung scheint am Ende zu sein.

Trennung

Pyramidenartiger Aufbau des Romans

Das Mitteilen der Schwangerschaft und die sich anschließende Trennung stellen den Höhepunkt des Romans dar. Bei näherer Betrachtung lässt sich feststellen, dass der Aufbau sich eng an dem aristotelischen Tragödienmodell orientiert, denn es ist eindeutig ein pyramidenartiger Aufbau vorhanden, wie ihn der deutsche Schriftsteller Gustav Freytag (1816–1895) aufgezeigt hat. Der Roman „Agnes" enthält eine Exposition, eine steigende Handlung, einen Höhe- und Wendepunkt und auch eine fallende Handlung bzw. ein hinauszögerndes Moment und schließlich die Katastrophe. Der Aufbau kann dementsprechend wie folgt dargestellt werden:

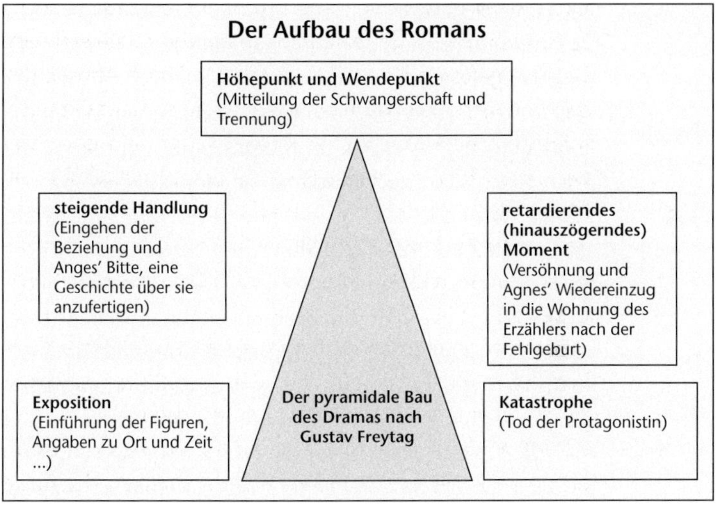

Kapitel 20 (S. 92–95)

Selbstreflexion des Erzählers

Als der Erzähler nach einiger Zeit von seinem Spaziergang zurückkehrt, hat Agnes die Wohnung bereits verlassen und ihre wichtigsten persönlichen Gegenstände mitgenommen. Während dieses Spaziergangs durch die Kälte denkt der Erzähler über die Vergangenheit nach, denn schon einmal glaubte er, Vater zu werden. Damals hat er sich jedoch auf das Vatersein gefreut, als sich dann herausstellte, dass seine Freundin nicht schwanger war, war er enttäuscht und gab ihr die Schuld. Wie er nun Agnes nicht mehr als die Frau wahrnehmen kann, die er selbst geschaffen hat, so ist es ihm damals auch mit seiner Freundin ergangen. Er selbst reflektiert, dass die Vorwürfe, die er seiner Freundin machte, einer anderen Frau galten, die nur in seinen Gedanken existierte (vgl. S. 92, Z. 23–S. 93, Z. 1). Er tendiert also dazu, sich ein gewisses Bild von seinen Mitmenschen zu machen und sich von diesen zu entfernen, wenn sie dieses Bild nicht erfüllen.

Agnes' Auszug

Bei seiner Rückkehr ins Hotel muss er die Nummer seiner Wohnung nennen, die er vergessen hat, was eindeutig seine Orientierungslosigkeit und sein Leben ohne Ziel aufzeigt. Als er schließlich in seiner verlassenen Wohnung liegt, klingelt das Telefon und Agnes bittet ihn darum, am Abend nicht dort zu sein, damit sie ihre restlichen Sachen abholen könne. Es scheint, als habe sie mit ihm abgeschlossen, sie möchte ihm nicht mehr begegnen und teilt ihm mit, sie werde zu Herbert nach New York gehen, wenn das Kind kommt, was dem Erzähler, der schon immer eine gewisse Eifersucht auf Herbert empfunden hat, missfällt, auch wenn er dieses nicht offen ausspricht. Er unternimmt keinen Versuch, Agnes umzustimmen, obwohl er berichtet, er habe sich entschuldigen wollen, jedoch habe sie sich schon entschieden gehabt und es sei einfach bereits zu spät gewesen. Er begibt sich in die Bibliothek, während Agnes ihre übrigen Sachen aus der Wohnung holt, und kehrt erst zurück, als sie fort ist.

Kapitel 21 (S. 96–99)

Kompensation des Unglücklichseins

Agnes ist in ihrer Bestrebung, die Verbindung zum Erzähler zu beenden, konsequent und so gelingt es ihm trotz einiger Versuche nicht, mit ihr Kontakt aufzunehmen. Etwa eine Woche nach ihrem Auszug beginnt er, sich vermehrt in ihrem Stadtviertel aufzuhalten. Als sie noch ein Paar gewesen sind, hat er sich nicht vorstellen können, mehr Zeit in dieser Gegend zu verbringen (vgl. Kapitel 8), nun gibt sie ihm das Gefühl, Agnes nahe zu sein. Von einem Coffeeshop aus beobachtet er sogar, wie sie nach Hause kommt, allerdings geht er nicht auf sie zu und verweilt in dem Lokal, zu einer echten, tiefen Kommunikation noch immer unfähig. Stattdessen kompensiert er seine Probleme mit ständiger Zerstreuung und Ablenkung und betrinkt sich häufig, eine Auseinandersetzung findet schlichtweg nicht statt. Dennoch geht es ihm so schlecht, dass er nicht arbeiten kann, bis er schließlich Louise in der Bibliothek trifft. Als er ihr erzählt, dass Agnes ihn verlassen habe, verschweigt er die Schwangerschaft und die Umstände, die zur Trennung geführt haben. Er nimmt damit eine Schuldzuweisung vor und ist nicht bereit, Verantwortung für sein Handeln zu tragen, ein Verhaltensmuster, das tief in ihm verankert ist (vgl. Kapitel 1). Nach dem Treffen in der Bibliothek lädt Louise ihn telefonisch zu einem Thanksgiving-Essen bei ihren Eltern ein und er sagt zu, der kleinen Gesellschaft beizuwohnen. Nach dem Gespräch plagt ihn jedoch ein schlechtes Gewissen Agnes gegenüber; diese Regung veranlasst ihn dazu, die Geschichte über Agnes nach langer Zeit wieder im PC zu öffnen. Er löscht den zuletzt geschriebenen Teil, der die Zurückweisung des Heiratsantrages durch Agnes beinhaltet, und verfasst stattdessen einen positiven Fortgang der Geschichte, in dem sie sich die Heirat versprechen. Als Agnes ihm in seinem Text mitteilt, ein Kind zu erwarten, reagiert er menschlich und ehrlich: *„Es richtet sich nicht gegen dich oder das Kind. Ich will nicht, daß du denkst […], aber ich habe Angst davor, Vater zu werden. Was kann ich einem Kind schon bieten … ich meine nicht Geld."* (S. 99, Z. 8–11) Wozu er in der Realität nicht fähig ist, leistet er in der Geschichte: Er formuliert offen seine Ängste und gibt seine Identitätsprobleme preis, da er der Ansicht ist, nicht Mensch genug zu sein, um einem Kind etwas bieten zu können. Diese Offenbarung führt in der Geschichte dazu, dass sie sich zuversichtlich darauf einigen, das Kind zu bekommen.

Verschweigen des Trennungsgrunds

Fehlende Bereitschaft, Verantwortung zu übernehmen

Verfassen eines positiven Fortgangs der Geschichte

Identitätsprobleme des Erzählers

Kapitel 22 (S. 100–103)

Der Erzähler folgt der Einladung Louises und besucht sie bei ihren Eltern, die ihn so behandeln, als sei er ihr zukünftiger Schwiegersohn. Louise hat ihnen bereits viel von ihm erzählt, obwohl sie sich gerade erst kennengelernt haben. Es scheint, als suche sie schon lange nach einem Ehemann.

Besuch einer Feier Louises und erster sexueller Kontakt

Auch ihre Eltern scheinen ihre Tochter gern in festen Händen wissen zu wollen. Nach einem Gespräch mit Louise über die Vorzüge Amerikas und Europas kommen die beiden sich näher und sie zeigt ihm ihr Appartement, was auf eine intime Zusammenkunft schließen lässt. Von einem Gespräch über Ernest Hemingway angeregt, kauft er ihr auf der Rückfahrt Hemingways Werk „A Farewell to Arms". Der Roman schildert eine komplizierte Beziehung zweier Liebender im Ersten Weltkrieg, die schließlich im Tod der jungen Frau mündet, die zunächst das gemeinsame Kind tot zur Welt bringt und anschließend im Kindsbett stirbt. Der Erzähler scheint großen Gefallen an der Geschichte zu finden, die auffallende Parallelen zu seiner eigenen Beziehung zu Agnes aufweist.

Kapitel 23 (S. 104–106)

Freiheit als höchstes Gut

Bevor der Erzähler von seinem nächsten Treffen mit Louise berichtet, fügt er einige Ausführungen zum historischen Pullman-Streik[1] an, von dem er fasziniert ist. Die Arbeiter haben „gegen die Kontrolle ihres gesamten Lebens durch ihren Arbeitgeber" (S. 104, Z. 18f.) rebelliert, was beim Erzähler nicht ohne Grund besonderes Interesse weckt: Auch für ihn ist die Freiheit sein höchstes Gut. Diese sieht er durch seine Liebe zu Agnes bedroht, weshalb er sich ihr nicht hingeben kann. Seine persönliche Freiheit ist eindeutig über dem Glück der Zweisamkeit angesiedelt, sodass er seine Erfüllung in einer Beziehung nicht finden kann.

Affäre mit Louise ohne Verpflichtungen

Nach außen scheint der Besuch in Louises Büro ein dienstlicher zu sein. Er gibt vor, seine Recherchen fortzusetzen, tatsächlich aber sucht er das Archiv der Pullman Leasing nur auf, um Louise wiederzusehen. Diese zeigt ihm das Ge-

[1] Pullman-Streik: ereignete sich 1894 in Chicago und war damals der größte Arbeiterprotest in der US-amerikanischen Geschichte

lände und am Ende der Führung küsst er sie. Louise gibt zu verstehen, auf einen unbefangenen Fortgang ihrer Affäre ohne Verpflichtungen zu hoffen, denn es sei keine Liebe im Spiel und es gehe nur darum, sich etwas zu amüsieren (vgl. S. 106, Z. 16–18).

Kapitel 24 (S. 107–110)

Fortsetzung der Geschichte: Darstellung eines idealisierten Familienlebens

Das Zusammensein mit Louise lässt den Erzähler Agnes und das ungeborene Kind vergessen. Auf einem Spaziergang holen ihn die Gedanken an das Baby jedoch wieder ein und ihm wird bewusst, dass er Vater sein wird, auch wenn er das Kind nicht kennen sollte. Der Gedanke, sein eigenes Kind nicht zu kennen, ist für ihn auf einmal unerträglich und so beginnt er, die Geschichte über Agnes fortzusetzen. In diesem fiktiven Leben werden die beiden Eltern einer kleinen Tochter, die sie Margaret nennen. Sie sind glücklich miteinander und das Zusammenleben scheint fast idealisiert. Er erdenkt ein Familienleben, das in der Realität aufgrund seiner Persönlichkeitsstruktur keinen Bestand haben könnte. Dies ist ihm allerdings nicht bewusst, denn nach seiner Arbeit an der Geschichte ist er davon überzeugt, wieder mit Agnes zusammenzukommen. Er schreibt ihr einen Brief und beschließt, ein Buch über Babys zu kaufen. Als er nach Hause kommt, teilt ihm eine Kollegin telefonisch mit, dass Agnes krank sei. Sie bittet ihn, sie zu besuchen, was auf die schlechte Verfassung der Protagonistin hinweist. Blickte er vorher noch überschwänglich einer gemeinsamen Zukunft entgegen, so reagiert er nun sehr zurückhaltend und zerreißt den Brief, den er an Agnes geschrieben hat, und vereitelt somit die Preisgabe seiner Gefühle, die er wie im Rausch niedergeschrieben hatte. Es vergehen drei Tage, bis er sich endlich durchringt, Agnes zu besuchen. Zu groß ist seine Angst vor dem Verlust seiner Freiheit, die unweigerlich mit einem Zusammensein mit Agnes verknüpft ist. Dass dieses Denken

Anruf, der ihn über Agnes' schlechte Verfassung informiert

sein Leben schon lange bestimmt, ist ihm dabei durchaus bewusst: „Es ist schwer zu erklären, obwohl ich sie liebte, mit ihr glücklich gewesen war, hatte ich nur ohne sie das Gefühl, frei zu sein. Und Freiheit war mir immer wichtiger gewesen als Glück. Vielleicht war es das, was meine Freundinnen Egoismus genannt hatten." (S. 110, Z. 2–7) Als er sich schließlich dazu durchringt, Agnes aufzusuchen, kauft er auf dem Weg zu ihr einen Ratgeber über Babys, der ihm bei der Bewältigung der Aufgaben, die auf ihn zukommen, helfen soll, denn nur Bekanntes kann er auch bewältigen.

Entschluss, Agnes aufzusuchen

Kapitel 25 (S. 111–113)

Mitteilung der Fehlgeburt

Agnes wirkt sehr geschwächt und sie erklärt, dass sie eine Fehlgeburt erlitten habe, worüber der Erzähler insgeheim erleichtert ist. Unter Tränen teilt sie ihm in nüchterner Sprache mit, was geschehen ist: „Es war nicht lebensfähig. Das Kindsmaterial." (S. 111, Z. 24) Wie sehr ihr der Verlust des Kindes zusetzt, ist an ihrer körperlichen Verfassung abzulesen.

Wiederaufnahme der Beziehung

Ganz selbstverständlich scheinen die beiden ihre Beziehung wieder aufzunehmen, der Erzähler bleibt über Nacht. Am nächsten Morgen erklärt Agnes ihm als Reaktion auf eine unbeholfene Entschuldigung, warum sie sich von ihm getrennt hat: Nicht das Gesagte sei Anstoß für ihren Auszug gewesen, sondern sie habe sich von ihm alleingelassen gefühlt. Er entgegnet: „Wenn du ein Kind möchtest ..." (S. 113, Z. 18) Er benutzt das Pronomen du und nicht wir, wodurch der Eindruck entsteht, dass er ihr mit einem Kind einen Gefallen tun würde, was auch Agnes bemerkt. Sie stellt fest, dass er nicht wirklich ein Kind wolle, fügt aber auch hinzu, dass dies nun keine Rolle mehr spiele. Unverbindlich einigen sie sich auf ein „vielleicht später" (S. 113, Z. 22).

Kapitel 26 (S. 114–116)

Agnes' Bitte, die Geschichte über ihr Leben mit dem Kind weiterzuschreiben

Agnes zieht wieder in die Wohnung des Erzählers ein, es ist jedoch offensichtlich, dass der Verlust des Kindes eine starke Belastung für sie darstellt. Da allerdings nach wie vor die Sprachlosigkeit in der Beziehung vorherrscht, teilt sie sich dem Erzähler nicht mit. Auch er spricht sie nicht darauf an, berichtet ihr aber von seiner Affäre mit Louise, was sie gleichgültig registriert. Die Gleichgültigkeit ärgert ihn, ein Zeichen seiner Eitelkeit. Agnes bittet ihn daraufhin, alles aufzuschreiben und so die Geschichte fortzusetzen. Als der Erzähler ihr von seiner bereits geschriebenen Fortsetzung erzählt, ist sie sehr interessiert und fordert ihn dazu auf, die Geschichte über ihr Kind weiterzuführen: „Du mußt es aufschreiben […], du mußt uns das Kind machen. Ich habe es nicht geschafft." (S. 116, Z. 3f.) Agnes empfindet den Verlust des Kindes als persönliches Scheitern und fühlt sich schuldig. Ihre eigene Unzulänglichkeit soll nun durch das literarische Schaffen des Erzählers beglichen werden. Gemeinsam schreiben sie den ganzen Nachmittag an dem positiven Fortgang, in dem sie verheiratet sind und das perfekte Familienglück erfahren. Sogar ein zweites Kind erfinden sie hinzu, einen Sohn, sodass ihre Geschichte eine idealisierte Familie darstellt.

Kapitel 27 (S. 117–120)

Einkäufe für das fiktive Kind

Ineinandergreifen von Realität und Fiktion

Fehlende Trauerarbeit

In vorweihnachtlicher Atmosphäre drängt Agnes darauf, Geschenke für ihr verlorenes und nun in der Fiktion lebendiges Kind zu kaufen. Es findet eine ungesunde Projektion statt, Realität und Fiktion greifen ineinander und es kann Agnes auf diese Weise nicht gelingen, Abschied von ihrem ungeborenen Kind zu nehmen, eine Trauerarbeit im eigentlichen Sinne kann nicht geleistet werden. In Tränen aufgelöst kauft sie wahllos Kleidung für ein Kind, das nicht existiert. Nach der Rückkehr in die Wohnung schließt sie sich im Badezimmer ein, ein Zeichen dafür, dass in der Be-

Agnes' Erkenntnis, der Fiktion erlegen zu sein, und Verlangen nach einer realistischen Version

ziehung eine Entfremdung stattgefunden hat, auch wenn Agnes wieder in die Wohnung eingezogen ist. Ihr wird bewusst, dass sie der Fiktion erlegen ist, und sie will sich dieser mit aller Kraft entziehen: „Ich habe nicht gewußt, wie wirklich es wird. Und doch ist es eine Lüge. Es ist krank." (S. 119, Z. 1 f.) Sie fordert den Erzähler dazu auf, eine realistische Version zu verfassen, denn „Es muß stimmen." (S. 199, Z. 6). Dieser sagt ihr in seiner Hilflosigkeit über ihren Gefühlsausbruch zu, wieder darüber zu schreiben, was sie machen. In diesem Zusammenhang erwähnt er, sie werde, wenn es wärmer werde, wieder das blaue Kleid tragen. Agnes besteht allerdings darauf, es schon an diesem Abend zu tragen, zu groß ist ihr Wunsch nach einer intakten Beziehung. Auf der Suche nach dem Glück ignoriert sie die Kälte, die ihr zum Verhängnis wird.

Agnes' ambivalente Beziehung zur Literatur

Nachdem Agnes alle zuvor getätigten Einkäufe weggeworfen hat, erzählt sie dem Erzähler von ihrer ambivalenten Beziehung zur Literatur: Als sie noch ein Kind war, hat sie sich stets von Büchern in deren Bann ziehen lassen; die literarischen Figuren wurden zu ihren einzigen Freunden (vgl. S. 119, Z. 22–24). Die beim Lesen empfundenen Emotionen hätten dabei teilweise jedoch eine unerträgliche Intensität erreicht, sodass sie sich sogar barfüßig in den kalten Schnee gestellt habe, um ihre Gefühle abzutöten (vgl. S. 119, Z. 25–28). Stamm thematisiert in seinem Roman die Wirkung und Macht, die Literatur auf Menschen ausüben kann, schließlich ist es die Geschichte des Erzählers, die Agnes in den Kältetod führt. Ihre Schilderung über ihre Versuche, sich dem Bann der Geschichten in der Kindheit zu entziehen, ist dabei eine Vorausdeutung auf ihr späteres Schicksal. Agnes hat die Bücher größtenteils aus ihrem Leben verbannt, weil sie nicht will, dass „Bücher Gewalt über [sie] haben" (S. 120, Z. 17 f.), nun wird ihr bewusst, dass sie entgegen ihrer eigenen Annahme „nicht immun" (S. 120, Z. 19 f.) ist. Wie sehr ihr diese Erkenntnis zusetzt und wie schlecht ihre psychische Verfassung nach der noch nicht verarbeiteten Fehlgeburt ist, zeigt die Einnahme eines Beruhigungsmittels in dieser Nacht (vgl. S. 120, Z. 21 ff.).

Kapitel 28 (S. 121–124)

Distanzierte Haltung des Erzählers

Nach Aussage des Erzählers geht es Agnes besser, jedoch nimmt er auch eine gewisse Distanz wahr, die von ihr ausgeht. Agnes ist nicht mehr dazu bereit, sich bedingungslos auf ihn einzulassen, und so spielt sie auch nur in seiner Abwesenheit Cello. Das Spielen des Musikinstruments ist etwas Elementares, das die Figur Agnes ausmacht, es ist scheinbar ihr einziges Hobby und einer der wenigen Gründe, weshalb sie soziale Kontakte pflegt. Sobald der Erzähler die Wohnung betritt, verstummt ihr Spiel und seine Bitte, ihm etwas vorzuspielen, schlägt sie ihm ab. Sie schützt ihre Intimsphäre und ihr Privates; aus diesem Grund ist sie auch wieder dazu übergegangen, die Badezimmertür beim Duschen abzuschließen und sich hinter verschlossener Tür anzukleiden (vgl. S. 122, Z. 14–17). Gemeinsam treffen sie Weihnachtsvorbereitungen, doch sogar das Backen von Lebkuchen missglückt, weil ihnen „die wichtigsten Gewürze fehlten" (S. 122, Z. 7f.). Ebenso fehlen durch die Ermangelung des Erzählers, sich bedingungslos hinzugeben und feste Bindungen einzugehen, die Grundzutaten für eine Beziehung. So schläft Agnes die Nächte von ihm abgewandt. Das Bild der unvollständigen bzw. unzureichenden Beziehung wird zudem ein weiteres Mal aufgegriffen, als Agnes von ihrer Arbeit berichtet: „Jedes Teilchen hat seinen genau festgelegten Platz im Verhältnis zu den anderen. Aber ideale Kristalle sind sehr selten. In der Praxis gibt es immer Fehlordnungen und Gitterbaufehler." (S. 123, Z. 6–9) Agnes scheint resigniert zu haben und gibt sich mit dieser Form von Beziehung zufrieden, da sie es entsprechend ihrer Theorie über die Kristallgitter für sehr unwahrscheinlich hält, einen Partner zu finden, der ihre Bedürfnisse erfüllt.

Resignation

Gemeinsames Leben in der Schweiz als Möglichkeit für die Geschichte

Nach einem gemeinsamen Wohnungsputz, die einzige gemeinsame Aktivität, bemerkt Agnes, dass der Erzähler nur sehr wenige Gegenstände besitzt, worauf er ihr ins Gedächtnis ruft, dass er eigentlich in der Schweiz wohnhaft sei. Er schlägt vor, mit ihm in die Schweiz zu gehen, was Agnes als „*happy ending* für [s]eine Geschichte" (S. 124, Z. 7) bezeichnet, die Möglichkeit einer realen glücklichen Zukunft scheint es für sie nicht mehr zu geben.

Kapitel 29 (S. 125–129)

Gemeinsames Weihnachten

An Heiligabend schenkt der Erzähler Agnes die ausgedruckte Geschichte, die nur noch um einen Schluss ergänzt werden muss. Agnes hat ihm ihrerseits einen Wollpullover gestrickt. Der Pullover symbolisiert Schutz vor der Kälte, welche wiederum für Einsamkeit und Gefühllosigkeit steht. Auch Louise macht dem Erzähler ein kleines Geschenk, das er in einem Päckchen erhält, und lädt ihn schriftlich zu einer Neujahrsfeier ein mit der Möglichkeit, Agnes mitzubringen. Als der Erzähler Agnes erzählt, er habe Louise gegenüber erwähnt, dass sie ihn verlassen habe und dann zu ihm zurückgekommen sei, wird ein weiteres Mal deutlich, wie unterschiedlich die beiden ihre Beziehung und die damit verbundenen Ereignisse wahrnehmen, denn Agnes weist ihn darauf hin, dass er sie verlassen habe und zu ihr zurückgekehrt sei (vgl. S. 126, Z. 16f.). Doch nicht nur die unterschiedliche Wahrnehmung ist bezeichnend für die Beziehung. Bei ihrem Aufenthalt auf dem Dach an diesem Abend fällt ihnen auf, wie wenig sie sich kennen (vgl. S. 127, Z. 1–4).

Unterschiedliche Wahrnehmung

Sex als Geschenk

Nach einem gemeinsamen Bad schlafen sie miteinander, nachdem Agnes das Licht ausgeschaltet hat. Von der unbeschwerten Sexualität, die anfänglich in der Beziehung geherrscht hat (vgl. Kap. 5), ist nichts mehr übrig, Agnes bezeichnet den Beischlaf sogar als Geschenk an den Erzähler.

Schließlich unterhalten sich die beiden über Louise und Herbert. Anders als der Erzähler mit Louise war Agnes mit Herbert nie intim. Ihr Vorhaben, nach der Geburt des Kindes zu ihm zu ziehen, begründet sie damit, dass er sie liebe und für sie da sei. Sie selbst liebe allerdings den Erzähler (vgl. S. 129, Z. 1 ff.).

Gespräch über Louise und Herbert

Kapitel 30 (S. 130–133)

Agnes ist erkältet, ein Hinweis auf ihren nahenden Tod. Ihre Krankheit hängt dabei unmittelbar mit der Beziehung zum Erzähler zusammen, da sie sich diese in der Kälte auf dem Dach, für welches er eine Vorliebe hat, zugezogen hat. Ein weiterer Hinweis auf das nahende Ende ist das bedrohlich wirkende Winterwetter (vgl. S. 130, Z. 7f.). Durch die Lektüre eines Gedichtes von Dylan Thomas über den Tod eines Kindes wird Agnes außerdem zu einer Reflektion über den Tod ihres ungeborenen Kindes angeregt. Es wird deutlich, wie sehr sie dieser Verlust belastet. Doch nicht nur ihre Schuldgefühle und die Trauer scheinen sie zu belasten, auch ihre Krankheit verschlimmert sich (vgl. S. 131, Z. 14f.).

Krankheit als Folge der ungesunden Beziehung und Hinweis auf späteren Tod

Während eines Spaziergangs denkt nun auch der Erzähler über den Verlust des realen Kindes nach. Davon angeregt hat er plötzlich die einzig mögliche Fortsetzung der Geschichte vor Augen, welche er wie ferngesteuert aufschreibt (vgl. S. 132, Z. 16–18). Diese Fortsetzung zeigt eine Agnes in der Silvesternacht, die die Welt innerlich bereits verlassen hat (vgl. S. 132, Z. 25–S. 133, Z. 1). Das Ende bleibt ausgespart, der Tod, auf den alles hinausläuft, ist jedoch zu erahnen. Als der Erzähler seinen soeben geschriebenen Text noch einmal durchliest, kommt er zu dem Schluss, dass er ihn Agnes nicht zumuten und selbst nicht ertragen könne (vgl. S. 133, Z. 10f.). Dennoch speichert er ihn ab mit dem Vorsatz, am nächsten Tag einen geeigneten Schluss zu schreiben.

Verfassen des fatalen Schlusses

Kapitel 31 (S. 134–137)

Verschweigen der verfassten Schlussversion

Als Agnes ihn am nächsten Tag fragt, ob er einen Schluss geschrieben habe, sagt der Erzähler, er sei noch nicht fertig. Auch wenn es Agnes etwas besser geht, muss sie sich dennoch nach dem Frühstück wieder hinlegen, weshalb der Erzähler den eingehenden Anruf ihrer Eltern entgegennimmt. Agnes teilt ihren Eltern mit, er sei nur ein Freund, was zum einen auf die reservierte Beziehung zu ihren Eltern, zum anderen aber auch auf die problematische Beziehung zum Erzähler hinweist.

Schreiben einer positiven Schlussversion, die der Realität nicht entspricht

Der Erzähler verfasst nun den positiven Schluss der Geschichte und empfindet das Schreiben wie eine Wiedergutmachung; den zuvor verfassten Schluss löscht er jedoch nicht. Der neue Schluss stellt einen starken Kontrast zum vorherigen dar. Allerdings erfüllt dieser nicht den Wunsch Agnes' nach der Wahrheit und dem tatsächlichen Fortgang ihrer Beziehung (vgl. Kap. 27), denn die negativen Entwicklungen, die Entfremdung und die große psychische Belastung der Protagonistin, bleiben ausgespart. Stattdessen skizziert der Erzähler ein harmonisches Zusammensein in der Silvesternacht, bei dem sie im Fernseher verfolgen, wie in New York ins neue Jahr gefeiert wird und auf dem Times Square das Lied „Auld Lang Syne" (längst vergangene Zeit) angestimmt wird, wobei der Ezähler den Refrain sogar wörtlich aufschreibt. Der Song greift den Wunsch Agnes' auf, auch nach ihrem Ableben in Erinnerung zu bleiben; zudem fungiert er als Verweis auf ihren bevorstehenden Tod in der Silvesternacht.

Agnes' Angst vor einem negativen Ausgang der Geschichte

Nach der Fertigstellung des Schlusses betritt Agnes das Zimmer und formuliert den Wunsch, er möge die Geschichte nicht zu Ende schreiben; zu groß scheint ihre Angst vor einem negativen Ausgang zu sein, der ihr unausweichlich erscheint (vgl. S. 137, Z. 17–22). Als sie erfährt, dass die Geschichte bereits fertiggestellt ist und ein gutes Ende nimmt, möchte sie es folglich hören.

Kapitel 32 (S. 138–141)

Heimliche Fortsetzung der Arbeit an der Geschichte

Agnes scheint von dem Ende der Geschichte enttäuscht zu sein; noch weniger als sie ist allerdings der Erzähler als Autor mit dem Schluss der Geschichte zufrieden, da ihm bewusst ist, dass er „nicht lebendig, nicht wahr" (S. 138, Z. 9) ist. Aus diesem Grund setzt er seine Arbeit an der Geschichte heimlich fort und ergänzt sie um den ursprünglichen Schluss, der ihm als „der einzig wahre Schluß" (S. 139, Z. 18) erscheint, Agnes' Tod ist somit unumgänglich und alternativlos.

„[D]er einzig wahre Schluß"

Silvesterpläne: Erzähler wird allein die Feier Louises aufsuchen

Der gesundheitliche Zustand seiner Freundin verschlechtert sich derweil weiter, was den Erzähler in eine gereizte Stimmung versetzt. Er kümmert sich zwar widerwillig um Agnes, verbringt aber auch viel Zeit außerhalb der Wohnung. Bei einem gemeinsamen Essen fragt er sie, wie sie Silvester verbringen sollen. Die Möglichkeit, Silvester allein in harmonischer Zweisamkeit zu verleben, wie es der offizielle Schluss der Geschichte vorsieht, zieht er nicht in Erwägung, stattdessen möchte er ausgehen. Als Agnes ihm eröffnet, sie sei zu krank, er könne aber dennoch Louises Einladung nachkommen, nimmt er ihr Angebot gern an. Die Rechtfertigung, Louise habe gute Kontakte, die ihm bei seiner Arbeit an dem Sachbuch dienlich sein könnten, ist allerdings fadenscheinig.

Kapitel 33 (S. 142–145)

Silvesterabend

Die Verabschiedung am Silvesterabend fällt von Agnes' Seite sehr innig aus und es entsteht der Eindruck, als müsse sie sich für lange Zeit von ihm trennen (vgl. S. 142, Z. 12f.). Der Erzähler geht auf die Silvesterparty Louises und ruft Agnes von dort an, da sie ihn um einen Mitternachtsanruf gebeten hat. Er teilt aber nicht den wichtigen Moment des Jahreswechsels mit ihr, da er bereits um kurz nach elf anruft, um es nicht zu vergessen. Während er mit Agnes telefoniert, die unter dem Getrenntsein von ihrem Geliebten leidet (vgl. S. 142, Z. 23), steht Louise neben ihm, die im Anschluss ironische Bemerkungen über Agnes macht. Der Erzähler zieht sich nicht für das Telefongespräch zurück; auf diese Weise kommt es zu einer Art Vorführung der kränklichen und schutzbedürftigen jungen Amerikanerin, die neben der energischen Louise zerbrechlich wirkt.

Treuebruch

Nach dem Gespräch verbringt der Erzähler annähernd die ganze Feier mit Louise und begleitet sie schließlich in ihr Appartement. Der Treuebruch wird, anders als bei anderen Begebenheiten, an dieser Stelle nur angedeutet (vgl. S. 145, Z. 20), was damit zu erklären ist, dass der Erzähler eigene Verfehlungen nicht offenlegen möchte (vgl. auch seinen Umgang mit der Übernahme von Verantwortung für die Auswirkungen seiner Geschichte, z. B. Kap. 1, und das Verschweigen seiner Reaktion auf die Mitteilung der Schwangerschaft als Trennungsgrund, Kap. 29).

Kapitel 34 (S. 146–149)

Zurückweisung Louises

Ohne auf Agnes Rücksicht zu nehmen, verlässt der Erzähler die Party erst am frühen Morgen. Sein eigenes Freiheitsbedürfnis ist größer als der Gedanke an seine kranke Freundin. Als Louise ihn auf der Heimfahrt in ihrem Wagen küssen will, erzählt er ihr von seinem Zusammenleben mit Agnes, worauf sie gekränkt reagiert, da sie sich eine Beziehung mit ihm erhofft hat. Verbittert bemerkt sie, Männer seien nur fähig zu lieben, wenn sie zurückgestoßen würden (vgl. S. 146, Z. 20f.), sie scheint bereits häufiger schlechte Erfahrungen gemacht zu haben. Der Erzähler will sich der Situation schnell entziehen und verabschiedet sich mit der leeren Floskel „Ich ruf dich an." (S. 147, Z. 12f.), worauf Louise zynisch reagiert.

Orientierungslosigkeit und Isolation des Erzählers

Daraufhin möchte er nun in seine Wohnung zurückkehren, verwechselt aber zunächst das Stockwerk und klingelt deshalb einen ihm unbekannten Bewohner des Hauses wach. Diese Verwirrung zeigt zum einen die Orientierungslosigkeit des Erzählers auf, die sich durch sein gesamtes Leben zieht (z. B. hat er keinerlei Pläne für die Zeit nach der Beendigung seines derzeitigen Projekts), zum anderen wird ihm bewusst, dass er niemanden außer Agens in der Stadt kennt. Die Isolation des Einzelnen ist beinahe greifbar.

Kapitel 35 (S. 150–152)

Agnes' Konfrontation mit der fatalen Schlussversion

Beim Betreten seiner Wohnung fällt dem Erzähler auf, dass der Computer läuft, er muss feststellen, dass Agnes in seiner Abwesenheit das von ihm heimlich verfasste Ende der Geschichte aufgerufen hat. Dieser Schluss beinhaltet Agnes' Kältetod. Detailliert wird beschrieben, wie sich die fiktive Agnes nach dem Lesen der Geschichte am Computer in den Wald begibt und sich dort in den Schnee legt. Auf ihrem Weg dorthin ist sie seltsam gefühllos, alle Empfindungen scheinen ihr abhanden gekommen zu sein (vgl. S. 151, Z. 9–11, Z. 15, Z. 24 f.). Erst die Kälte des Schnees lässt das Gefühl zurückkehren, so findet sie den Tod, den sie selbst zuvor als eine angenehme Art des Sterbens bezeichnet hat (vgl. S. 78, Z. 2 f.). In der Realität hat Agnes offensichtlich nach dem Lesen dieses Schlusses die Wohnung verlassen. Außer ihrem Mantel fehlen keine weiteren Dinge.

Kapitel 36 (S. 153)

Suizid Agnes'

Der Erzähler berichtet sachlich, dass Agnes nicht zurückgekommen sei. Da sie keine privaten Gegenstände mitgenommen hat, liegt der Verdacht nahe, dass sie dem ihr in der Geschichte zugedachten Tod gefolgt ist. Dabei schließt sich der Kreis im Aufbau des Romans, denn die Ereignisse des ersten Kapitels folgen unmittelbar auf dieses letzte, es entsteht eine Art Kreiserzählung. Der Erzähler schildert nun nicht mehr retrospektiv die Geschehnisse, sondern er stellt seine gegenwärtige Situation dar. Wie im ersten Kapitel schaut er sich das von Agnes aufgenommene Video ihrer Wanderung an. Seine Ausführungen enden mit der Beob-

Kreiserzählung

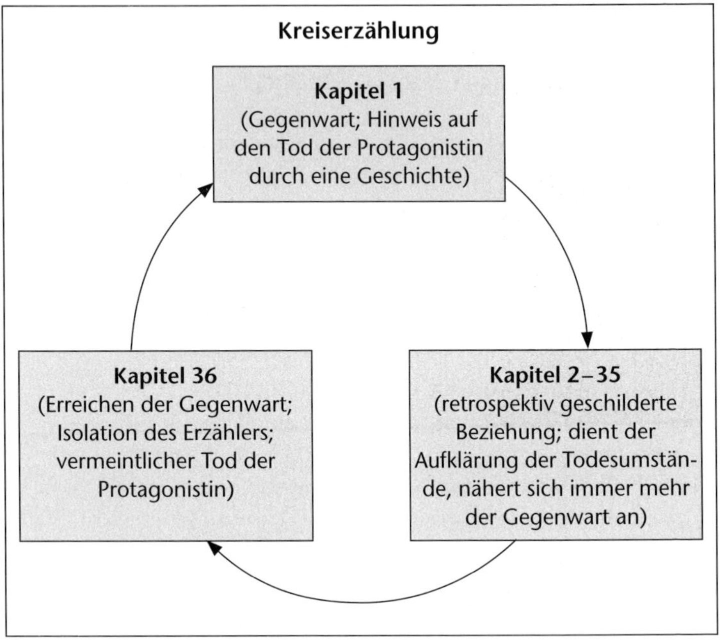

achtung, dass der Film aufhört, als er sich lächelnd zur Kamera dreht. Bevor er direkt in die Kamera blickt, ist der Film jedoch zu Ende.

Besonderheiten in der Konstruktion des Romans

Neun Monate nach Beginn der Beziehung endet diese im sechsunddreißigsten Kapitel mit dem Tod Agnes'. Neun Monate entsprechen exakt 36 Wochen, die Dauer einer Schwangerschaft. In diesem Fall bringt die neunmonatige Periode jedoch kein neues Leben hervor. Gefühlskälte, Kommunikationsstörungen und Einsamkeit dominieren die Beziehung und so findet Agnes konsequenterweise den Tod, anstatt einem Kind das Leben zu schenken.

Hintergründe

Lebensstationen Peter Stamms

Peter Stamm kam am 18. Januar 1963 im Schweizer Kanton Thurgau in Scherzingen zur Welt und wuchs als Sohn eines Buchhalters, Bernhard Stamm, und dessen Frau Esther mit drei Geschwistern in Weinfelden auf. In seiner Schulzeit waren ihm nach eigener Aussage die Deutschstunden am liebsten, er schrieb gern Aufsätze und war bereits in jungen Jahren sehr fantasievoll. 1979 begann er eine kaufmännische Lehre und nahm später im Jahr 1987 ein Studium der Anglistik auf, das er nach wenigen Semestern abbrach. Anschließend studierte er 1988 Psychologie und absolvierte in diesem Zusammenhang Praktika und Nebentätigkeiten in psychiatrischen Kliniken. Während seiner Studienzeit verbrachte er immer wieder Zeit im Ausland, unter anderem gab es längere Aufenthalte in New York, Paris, Skandinavien und London.

Kindheit und Jugend

Ausbildungs- und Studienzeit

Nach Abbruch seines Psychologiestudiums begann Stamm 1990 seine journalistische Tätigkeit und schrieb zum Beispiel für die „Neue Züricher Zeitung", „Die Weltwoche" und den „Nebelspalter" (ein Satiremagazin). Das Schreiben wurde zu seinem Hauptberuf, die erste Tätigkeit, die ihn nicht langweilte und für ihn immer neue Herausforderungen darstellte. 1991 erfolgte die Sendung seines ersten Hörspiels, „Ich und die anderen", im Schweizer Radio DRS, auf das weitere Hörspiele und Theaterstücke folgten. 1992 hielt er sich für drei Monate in New York auf, um zu schreiben. In dieser Zeit entstanden keine größeren Texte, die gesammelten Erfahrungen dieser Zeit flossen später aller-

Journalistische Tätigkeit

Literarisches Schaffen, Aufenthalt in New York

Entstehung des Romans „Agnes“

dings in seine Werke ein. 1998 wurde „Agnes“, sein erster Roman, veröffentlicht, der einige Impressionen aus seiner Zeit in New York enthält. Die Idee zu diesem Roman hatte er schon kurz vor seinem zwanzigsten Geburtstag, es folgte ein langer Entstehungsprozess. 1993 verarbeitete er den Stoff bereits in einer kurzen Novelle, die jedoch unveröffentlicht blieb, da er keinen Verleger fand. Auch eine Hörspielversion entstand 1997, der Erfolg stellte sich jedoch erst mit der Veröffentlichung des Romans ein, für den er 1999 den Rauriser Literaturpreis verliehen bekam. Es folgten weitere Erzählungen (z. B. „Blitzeis“), Theaterstücke, Hörspiele und Romane. Zwischenzeitlich dozierte er an der Fachhochschule Wiesbaden. Seit 1997 ist er Mitglied der Redaktion der Zeitschrift „Entwürfe für Literatur“. Neben „Agnes“ hat auch der Roman „Sieben Jahre“ (2009) Einzug in den Deutschunterricht gehalten.

Literarischer Durchbruch

Stamms Themen

Beziehungsproblematik und Einsamkeit

Den Werken Stamms liegen immer wiederkehrende Themen zugrunde. Zentral ist dabei häufig die Auseinandersetzung mit Beziehungsproblemen. Stamms Protagonisten sind gefangen in ihrer Einsamkeit, für die es verschiedene Gründe gibt. Die Vereinzelung des Menschen wird dabei als Problem aufgezeigt, aus dem es keinen Ausweg gibt. Beziehungsunfähigkeit, Angst vor Nähe und die daraus resultierende Distanz sind dabei als Grundursachen anzusehen. Kommt es doch zu einer Beziehung, ist diese von vielfältigen Problemen geprägt: Menschen, die zuvor als Einzelgänger durchs Leben gegangen sind und Geselligkeit durch Medienkonsum ersetzen, wollen Dominanz ausüben und sind nicht bereit, sich auf das Gegenüber einzulassen und Gefühle zu offenbaren. So empfindet der Ich-Erzähler im Roman „Agnes" Nähe genauso als Bedrohung wie die Protagonisten in „Blitzeis", einer Sammlung von neun Erzählungen aus dem Jahr 1999.

Leitmotive

Eng verknüpft mit der Einsamkeit als Grundzustand des Menschen in der modernen Gesellschaft ist Stamms Verwendung von Leitmotiven. Kälte, Schnee und Eis stehen dabei für die Gefühlskälte, so erliegt Agnes im übertragenen Sinne nicht den Erfrierungen durch den Schnee, sondern der emotionalen Kälte in ihrer Beziehung zum Ich-Erzähler. Auch im Roman „Ungefähre Landschaften" (2001) kommt dem Kältemotiv eine zentrale Rolle zu, hier verwischt der Schnee ebenso alle Spuren wie im Roman „Agnes" (vgl. S. 77, Z. 28–S. 78, Z. 2).

Tod, Identitätsprobleme und Frage nach dem Glück

Kälte, Stille, Krankheit, Landschaftsbeschreibungen und Einsamkeit stehen in engem Zusammenhang mit der Vergänglichkeit. Die Auseinandersetzung mit dem Tod nimmt einen großen Raum in Stamms Werken ein, das eigene Leben wird von Stamms Figuren oft als unzulänglich und sinnlos wahrgenommen, was sich in dem Wunsch äußert, Spuren hinterlassen zu wollen. Die Vorstellungen und Sehnsüchte der Figuren finden keine Erfüllung und das Leben scheint vertan. Stamm thematisiert also auch Identitätsprobleme und die Frage nach dem Glück, das wie im Roman „Agnes" als Fiktion erscheint.

Verhältnis von Fiktion und Wirklichkeit · Macht von Kunst und Literatur

Das Zusammenwirken von Fiktion und Wirklichkeit ist ein weiteres Grundthema Stamms, wobei die Wirklichkeit der Fiktion augenscheinlich nicht standhalten kann und als Enttäuschung empfunden wird. Auch die Wirkung und Macht von Kunst und Literatur spielen eine große Rolle. Dabei findet das Schaffen von Literatur, der Schreibprozess an sich, Berücksichtigung wie auch ein Aufruf zu einer kritischen Sichtweise auf eben diese. Stamm entwickelt dabei ein Bewusstsein für die Bedeutung von Perspektiven, wenn er zum Beispiel die Wahrnehmungsunterschiede der Protagonisten im Roman „Agnes" vorführt. Die kritische Distanz zu Texten und das Hinterfragen von präsentierten Aussagen durch den Leser stehen für den Autor dabei im Vordergrund.

Intertextualität

Stamms Texte weisen häufig unmittelbare Bezüge zu anderen literarischen Werken auf, die kunstvoll in seine Texte integriert sind (Intertextualität); so verweisen die im Roman „Agnes" angesprochenen oder zitierten Werke anderer Schriftsteller allesamt auf den Tod der Protagonistin.

Postmodernes Erzählen

Zeit der Unsicherheit

Die Zeit um die Jahrtausendwende ist von Veränderungen, Schnelllebigkeit und Unsicherheiten geprägt. Die Welt wächst zusammen, gleichzeitig tritt das Individuum in den Hintergrund und moderne Medien bestimmen und beeinflussen das Leben. Althergebrachte Ideale verschwimmen und es gibt keine allgemeingültige Richtung, in die die Menschen schauen. Entsprechend diesen Umständen ist

Pluralität

die sogenannte postmoderne Literatur geprägt von Pluralität. Die Mannigfaltigkeit des Lebens bestimmt das Schreiben, was zu einer Vervielfachung und Vermischung von Erzählebenen führt. Im realen Leben ist schon lange nicht mehr zwischen Sein und Schein zu unterscheiden, in Zeiten von digitaler Bildbearbeitung ist alles möglich und die

Plakat des Filmes „Inception" (2010)

Grenzen verschwimmen. Dieses Phänomen ist häufig Gegenstand postmoderner Literatur und Filme (vgl. z.B. die „Matrix"-Trilogie oder „Inception"). Die Autoren setzen sich mit den Auswirkungen von Erdachtem auf die Realität auseinander und verwischen die Grenzen zwischen den Ebenen; in Stamms Roman „Agnes" führt die geschickte Komposition des Textes genau zu solch einem Ineinandergreifen von Fiktion und Realität.

Auflösen der Grenzen zwischen Sein und Schein, Realität und Fiktion

Narrative Konventionen werden im postmodernen Erzählen durchbrochen, um die perfekte Illusion des Geschriebenen zu zerstören. Gemäß dem problematischen Ineinandergreifen von Fiktion und Realität wird der Text als Fiktion entlarvt und seine Künstlichkeit wird unverkennbar. In diesem Zusammenhang bildet häufig die Thematisierung des Schreibprozesses einen wichtigen Bestandteil des fiktiven Textes (Metafiktionalität); im Roman „Agnes" ist der Erzähler selbst Autor der Geschichte über Agnes und er gibt immer wieder Einblicke in den Entstehungsprozess. Auf diese Weise wird dem Leser eine Skepsis gegenüber Texten nahegebracht, die nicht als allgemeingültig angesehen werden dürfen. Es erfolgt eine Bewusstmachung des Einflusses, den ein Autor mit seinem Text ausüben kann.

Hervorheben der Künstlichkeit des Textes

Metafiktionalität

Unzuverlässigkeit des Erzählers

Die Vielfalt des Seins und das Fehlen fester Muster machen es unmöglich, die Realität in ihrer Ganzheit allgemeingültig abzubilden. Aus diesem Grund ist der Erzähler des postmodernen Romans von einer gewissen Unzuverlässigkeit geprägt, wie es auch im Roman „Agnes" der Fall ist. Die Erzählumstände führen dazu, dass der Leser den Erzähler, der aus der eigenen Erinnerung heraus und von Emotionen beeinflusst seine Wahrnehmungen schildert, hinterfragen muss, was wiederum auf die Notwendigkeit des kritischen Umgangs mit jeglicher Literatur hinweist.

Intertextualität

Ein weiteres Merkmal des postmodernen Erzählens ist der Bezug auf andere Texte oder Kunstwerke (Intertextualität), der Spielraum für verschiedene Lesarten schafft und es dem Leser ermöglicht, eigene gedankliche Verknüpfungen herzustellen. Auch das Anbieten von sogenannten Leerstellen, die vom Leser auszufüllen sind, und die bei diesem hervorgerufene kritische Haltung gegenüber dem Erzähler fördern eine eigenständige geistige Auseinandersetzung des Rezipienten, wodurch er beim Lesen des postmodernen Romans für sich ein individuelles Konstrukt entwickelt.

Montagetechnik

Außerdem ist die Montagetechnik ein wichtiges Werkzeug postmoderner Literaten. Einzelne Episoden werden so zusammengefügt, dass sie aus der Distanz ein Ganzes ergeben. Die Bedeutung und die Funktion verschiedener Episoden erschließen sich dabei teilweise erst im Nachhinein oder in einem weiteren Lesedurchgang wie ein Mosaik, das erst aus einer gewissen Entfernung als Einheit zu erkennen ist.

Schlichte Sprache

Die Sprache des postmodernen Romans ist schlicht und einfach, sie verzichtet auf unnötige Beschreibungen und ist auf das Wesentliche reduziert. Es handelt sich um Unterhaltungsliteratur, die auf eine große Leserschaft abzielt und verschiedene Lesarten ermöglichen soll. Demzufolge enthält der postmoderne Roman eine komplexe und spannend konstruierte Handlung. Jedoch wird durch verschiedene Elemente die Distanz des Lesers und auch des Autors zum

Distanz des Lesers zum Inhalt

Inhalt gewahrt, indem zum Beispiel keine Identifikation mit den Figuren möglich ist, da sie kaum greifbar oder als Antihelden angelegt sind. Häufig ereignet sich die Handlung zudem an einem fernen Ort in der Vergangenheit.

Problematisierung von Zuständen

Ohne Appell an den Leser, eine Veränderung herbeizuführen

Insgesamt zeichnet es den postmodernen Roman aus, dass Verhaltensweisen und Zustände zwar problematisiert und aufgezeigt werden, ein Appell an den Leser, eine Veränderung herbeizuführen, jedoch ausgeklammert wird.

Das Besondere an Stamms Sprache

Einfache Sprache

Die Sprache des Romans ist auf den ersten Blick schlicht gehalten und wirkt beinahe trivial. Stamms Sätze sind kurz und knapp und er verwendet auffällig viele einfach gehaltene Hauptsätze, die einen kühlen Berichtstil erzeugen. Hypotaxen werden größtenteils ausgespart und die Sätze bleiben auf das Wesentliche beschränkt. Auch die Wortwahl ist alltäglich und stellt den Leser vor keine große Herausforderung; die Sprache Stamms wirkt zunächst also banal.

Funktion von Leitmotiven und intertextuellen Bezügen

Während der Lektüre wird jedoch schnell deutlich, dass der Autor ein feines Netz aus Leitmotiven in seinem Text verwebt, die die Isolation und Fremdheit des Einzelnen fast greifbar machen und die Gefühlsarmut vor Augen führen. Insbesondere bedient der Autor sich dabei an Bildern aus den Bereichen *Kälte, Krankheit* und *Tod,* aber auch *Spuren* und *Zeichen*, *Bilder, Porträts* und *Bildnisse, Licht* und *Dunkel* und vieles mehr spielen eine große Rolle; die intertextuellen Bezüge haben zudem alle eine Affinität zum Tod. Auf diese Weise schafft Stamm eine Einheit in seinem Roman. Der Erzählrahmen ist durch diese Motive unweigerlich mit der Geschichte und der Binnengeschichte (s. Grafik S. 54) verknüpft, alles läuft auf einen bestimmten Punkt hinaus, den Tod der Protagonistin. In den Schilderungen des Erzählers spitzt sich das Wetter beispielsweise immer weiter zu. Die Beziehung beginnt im Frühjahr, im weiteren Verlauf wird ersichtlich, dass der Erzähler die Bedürfnisse der jungen Frau nicht erfüllen kann, sie leidet unter seiner Gefühlsarmut. Dementsprechend wird das Wetter immer kälter. Agnes erkrankt durch einen nächtlichen Aufenthalt auf dem Dach, den der Erzähler initiiert hat. Die Kälte wirkt sich unmittelbar auf ihre Gesundheit aus, welche Spiegel für ihre inneren Vorgänge ist. Aus einer anfänglichen Erkältung wird eine Krankheit, die Agnes dazu zwingt, im Bett zu bleiben. Sie wirkt zusehends schwächer und zerbrechlich. Letztendlich findet sie im Schnee Erlösung von ihrem Zustand. Paradoxerweise bringt gerade die Kälte das Gefühl zurück, eine Umkehrung, die vor Augen führt, dass in der Welt Selbstverständliches wie Liebe und Wärme durch Zwischenmenschlichkeit nicht mehr gegeben ist.

Schlüsselwörter

Neben dem Gebrauch von Leitmotiven finden sich auch symbolhafte Schlüsselwörter, z. B. *Wolkenkratzer, Dach, Isolierglas* und *Klimaanlage*, die auf die Isolation des Einzelnen verweisen und die Fremdheit und Anonymität inmitten von Menschen aufzeigen.

Sprache bringt Komplexität der Welt zum Ausdruck

Entsprechend dem postmodernen Erzählen gelingt es Stamm durch sein eng geknüpftes Netz von Leitmotiven und Symbolen, die Komplexität der Welt zum Ausdruck zu bringen, die auf den ersten Blick nicht erfasst werden kann und insgesamt wegen ihrer Vielschichtigkeit nicht in all ihren Facetten erzählbar ist.

Die Bildnisproblematik

Warnung davor, ein Bildnis zu schaffen

Stamm knüpft mit seinem Roman „Agnes" eng an die von Max Frisch (Schriftsteller, 1911–1991) formulierte Bildnisproblematik an. In seinem Tagebuch warnt Frisch davor, ein Bildnis von seinem Partner zu schaffen, da solch ein Bildnis der Liebe entgegenstehe und ihr Ende bedeute.

Max Frisch

Nach Frisch ist es für die Liebe essenziell, den Partner immer wieder neu zu entdecken und ihn als ein unfassbares Geheimnis zu begreifen. Das Schaffen eines starren Bildes dagegen zeuge von einer lieblosen Haltung. Wörtlich heißt es in Frischs Tagebuch: „Es ist bemerkenswert, daß wir gerade von dem Menschen, den wir lieben, am mindesten aussagen können, wie er sei. Wir lieben ihn einfach. Eben darin besteht ja die Liebe, das Wunderbare der Liebe, daß sie uns in der Schwebe des Lebendigen hält, in der Bereitschaft, einem Menschen zu folgen in allen seinen möglichen Entfaltungen. [...] Vieles sieht er wie zum ersten Male. Die Liebe befreit es aus jeglichem Bildnis. [...] Unsere Meinung, daß wir das andere kennen, ist das Ende der Liebe, jedesmal, [...] nicht weil wir das andere kennen, geht unsere Liebe zu Ende, sondern umgekehrt: weil unsere Liebe zu Ende geht, weil ihre Kraft sich erschöpft hat, darum ist der Mensch fertig für uns. [...] Wir verweigern ihm den Anspruch alles Lebendigen, das unfaßbar bleibt, und zugleich sind wir verwundert, daß unser Verhältnis nicht mehr lebendig sei."[1]

Partner akzeptieren, wie er ist

Frisch geht davon aus, dass Liebe dadurch gekennzeichnet ist, dem anderen bedingungslos beizustehen und sich kein Bildnis zu machen, sondern den Partner so zu akzeptieren, wie er ist. Auf diese Weise bleibt das Gegenüber ein „erregendes Rätsel"; im Umkehrschluss bedeutet es das Ende

---

[1] Max Frisch: Tagebuch 1946–1949. Suhrkamp Verlag. Frankfurt a.M. 1950

der Liebe, wenn man glaubt, den anderen in all seinen Facetten zu kennen.

Bildnisproblematik als Grund für das Scheitern der Beziehung zwischen dem Ich-Erzähler und Agnes

Diese von Frisch aufgezeigte Problematik lässt sich auf den Roman „Agnes" übertragen, denn der Ich-Erzähler macht sich solch ein Bildnis, vor dem Frisch in seinem Tagebuch warnt, die Bildnisproblematik kann somit als ein Grund für das Scheitern der Beziehung zwischen dem Ich-Erzähler und Agnes gewertet werden. Indem der Erzähler in der Fiktion Agnes nach seinen Vorstellungen schafft, zwingt er ihr eine Rolle auf. Sein Interesse gilt nicht der realen Frau, sondern der von ihm geschaffenen fiktiven Agnes. So schafft er ein Bild von ihr, das seinen Vorstellungen und Wünschen entspricht. Ein Kennenlernen der realen Frau an seiner Seite findet nicht statt und das von ihm entworfene Bild wird Agnes nicht gerecht. Dieser Umstand wird besonders deutlich, als er sie bei dem Museumsbesuch einer anderen Figur im Bild Seurats zuordnet als sie sich selbst (vgl. S. 69). Agnes versucht, die Vorstellung des Erzählers auszufüllen, wodurch er eine gewisse Kontrolle über sie hat. Als sie im Verlauf der Beziehung seinen Vorstellungen allerdings immer weniger gerecht werden kann, kommt dieses einem Kontrollverlust gleich. Die Schwangerschaft ist für den Erzähler ein Zeichen mangelnder Liebe, da Agnes seinem Bild nun nicht mehr entspricht. Für ihn bedeutet Liebe, sich ein festes Bild von dem anderen zu schaffen und den anderen dazu zu bringen, diese Form zu füllen. Der Frau an seiner Seite wird dadurch die Möglichkeit zur Entwicklung und Veränderung genommen, er nimmt ihr die Lebendigkeit, so ist der spätere Tod Agnes' eine logische Konsequenz aus dieser Konstellation.

Wirkung und Rezeption des Romans

Erfolgreiches Debüt

Peter Stamms Debütroman „Agnes" wurde in den Medien mit viel Lob wahrgenommen und hat dem Autor Anerkennung in Literaturkreisen und auch im breiten Publikum eingebracht. Bis zur Veröffentlichung war es jedoch ein weiter Weg, ganze 15 Jahre dauerte es, bis der Roman „Agnes" in der Endfassung vorlag und Stamm für seinen Roman einen Verlag fand. Das Erscheinen seines ersten Romans war mehr als erfolgreich und ebnete ihm den Weg, weitere literarische Projekte zu verwirklichen, die die Leserschaft gespannt erwartete.

Mehr als eine Liebesgeschichte

Die Vielschichtigkeit der Thematik des Romans wird in verschiedenen Rezensionen deutlich. So stellt Sabine Doering fest, der Roman „Agnes" sei „auch eine verstörende Parabel über die Macht der Literatur", und sie weist darauf hin, dass „Peter Stamm [...] dem geschriebenen Wort viel zu[traut]". Sie sieht die Figuren gefangen in einem Leben, geprägt von Beziehungslosigkeit, „in dem sich Liebe nur als literarische Illusion ereignet"[1]. Peter Hamm erkennt in seiner Rezension für den „Focus" in der „Fremdheit zwischen den Menschen"[2] als generelles Gesellschaftsproblem die grundlegende Thematik von Stamms Roman. Allen Stimmen zu seinem ersten Prosawerk ist die Auffassung gemeinsam, dass der Roman weit mehr als eine Liebesgeschichte liefert.

Lob der sprachlichen Gestaltung

Besonderes Augenmerk liegt bei vielen Rezensenten jedoch auf Stamms Sprache und Stil. Immer wieder wird die besonders gelungene Komposition des Autors hervorgehoben. Die „vorsätzliche Schmucklosigkeit" wird von Hamm besonders gelobt, in seinen Augen gibt es „kein Adjektiv

[1] Doering, Sabine: Eiswinde in Chicago. An der Lietratur erfroren: Peter Stamms gelungener Debüt-Roman. In: FAZ (94), 23.04.1999
[2] Hamm, Peter: Der Tod der erzählten Frau. In: Focus (47), 16.11.1998

als bloß schmückendes Attribut, kein Wort zu viel oder zu wenig"[1]. Auch Doering unterstreicht die gekonnte Komposition und beschreibt Stamms „dichtes Netz von Verweisen [, das] die fein aufeinander abgestimmten Kapitel des Buches [durchzieht]"[2].

Stamm als bedeutender Schriftsteller der Gegenwartsliteratur

Mittlerweile gehört Peter Stamm zu den bedeutendsten und erfolgreichsten Autoren seiner Zeit; der Roman „Agnes" hat bereits Einzug in den Deutschunterricht der gymnasialen Oberstufe gefunden und Peter Stamm ist in der aktuellen Literaturszene sehr präsent und prägt mit seinen Werken nachhaltig die Gegenwartsliteratur.

[1] Hamm, Peter: Der Tod der erzählten Frau. In: Focus (47), 16.11.1998

[2] Doering, Sabine: Eiswinde in Chicago. An der Lietratur erfroren: Peter Stamms gelungener Debüt-Roman. In: FAZ (94), 23.04.1999

Der Roman „Agnes“ in der Schule

Der Blick auf die Figuren: Die Personencharakterisierung

Eine literarische Figur charakterisieren – Tipps und Techniken

In einer literarischen Charakterisierung werden neben den äußeren Merkmalen besonders die inneren Wesenszüge einer Figur analysiert. Auf diesem Wege gelangt man zu einer Gesamtinterpretation der Figur. Informationen über literarische Figuren können auktorial, also durch einen Erzähler, oder figural, also durch andere Figuren, übermittelt werden. Zusätzlich lässt sich zwischen expliziter (oder direkter) und impliziter (oder indirekter) Charakterisierung unterscheiden. Explizit wird eine Figur durch direkte Aussagen über sie charakterisiert, implizit durch die Beschreibung von Verhaltensmustern, Aussagen oder Ähnlichem, die Rückschlüsse auf den Charakter der Figur zulassen. In der Regel finden beide Charakterisierungsweisen in einem Text Anwendung. Die Charakterisierung wird im Präsens verfasst und alle aufgestellten Behauptungen über die Figur müssen am Text belegt werden.
Für die Erarbeitung einer literarischen Charakterisierung können unter anderem folgende Aspekte und Leitfragen von Bedeutung sein:

1. Personalien und sozialer Status

- Was erfahren wir über den Namen, das Geschlecht, das Alter und den Beruf der Figur?
- Werden auffällige äußere Merkmale beschrieben?

- Wie stellen sich Lebensverhältnisse und das soziale Umfeld der Figur dar?
- Gibt es Informationen zur Vorgeschichte der Figur?

2. Wesentliche Charaktereigenschaften

- Zeigt die Figur typische Verhaltensweisen und Gewohnheiten?
- Was sind ihre hervorstechenden Wesensmerkmale und Charakterzüge?
- Welche Umstände prägen und bestimmen ihre Existenz?
- Welches Bild hat die Figur von sich selbst?
- Welche inneren Einstellungen, welches Weltbild hat die Figur?
- Zeigt die Figur eine Veränderung in ihren äußeren Merkmalen bzw. eine innere Entwicklung?
- Wie wird sie durch die anderen Figuren wahrgenommen?
- Welcher Art sind die Beziehungen zwischen ihr und anderen Figuren?

3. Sprachgebrauch und Sprachverhalten

- Wie kann man den Sprachgebrauch der Figur allgemein beschreiben (Sprachebene, Sprachstil)?
- Welche Auffälligkeiten lassen sich auf Satz- und Wortebene erkennen (Satzbau, Wortwahl, ...)?
- Welche (kommunikativen) Aussagen werden durch die nonverbale Kommunikation (Gestik, Mimik, Körperhaltung) transportiert?
- Welches Gesprächsverhalten, welche Gesprächsstrategien verfolgt die Figur?

4. Zusammenfassung/Fazit

- Wie lässt sich die Funktion der Figur für den Roman beschreiben?
- Welche Gesamtdeutung der Figur ergibt sich aus den unter 1.–4. gewonnenen Erkenntnissen?

Die Zusammenstellung dient als „Stütze" für die Erarbeitung einer Charakterisierung.
Die folgenden Kurzcharakterisierungen der Figuren des Romans können dabei Ideengeber bzw. Leitfaden für die eigene, detailliertere Gestaltung einer Figurencharakterisierung sein.

Der Ich-Erzähler – der Protagonist

Personalien und sozialer Status

Der Ich-Erzähler, dessen Name der Leser nicht erfährt, ist gebürtiger Schweizer, kinderlos und wohnt in Chicago in einem Appartement eines Hochhauses im 27. Stock (vgl. S. 25, Z. 2f.), um dort ein Sachbuch über amerikanische Luxuseisenbahnwagen zu verfassen (vgl. S. 13, Z. 16f.). Er ist etwa Mitte 40, denn nach eigener Aussage könnte er fast der Vater seiner fünfundzwanzigjährigen Freundin Agnes sein (vgl. S. 26, Z. 22). Finanziell scheint er gut abgesichert zu sein, da er es sich leisten kann, die Abgabe seines Buches herauszuzögern (vgl. S. 67, Z. 15f.). Die Arbeit als Sachbuchautor dient dabei lediglich dem Broterwerb und nicht der persönlichen Erfüllung (vgl. S. 20, Z. 22–26). Auch wenn er sich während seiner Arbeiten an dem Buch längere Zeit in Chicago aufhält, hat er dort keine sozialen Kontakte und lebt isoliert (vgl. S. 14, Z. 26f.).

Wesentliche Charaktereigenschaften

Seine Isolation in der großen Stadt ergibt sich aus seinem Hang zum Einzelgängertum. Nähe anderer Menschen und emotionale Bindungen empfindet er als Bedrohung (vgl. S. 14, Z. 27–S. 15, Z. 2) und er ersetzt das Zusammensein mit anderen Menschen durch Medienkonsum (vgl. S. 25, Z. 7). Trotz „einige[r] gescheiterte[r] Beziehungen" (S. 15, Z. 2f.) ist ihm das Gefühl tiefer Liebe fremd; als er bei einem Spaziergang tiefreichende Gefühle für Agnes zu verspüren glaubt, kann er diese nicht richtig einordnen (vgl. S. 59, Z. 6–10). Die für Agnes empfundene Liebe kann er nicht genießen, da er sie als eine Art Bedrohung wahrnimmt, die ihm „das demütigende Gefühl [gibt], nur ein halber Mensch zu sein“ (S. 61, Z. 3f.).

Seine Unfähigkeit, sich auf andere Menschen einzulassen und in einer Liebesbeziehung sein Glück zu finden, liegt in seinem ausgeprägten Freiheitsdrang begründet. Für den Erzähler ist die persönliche Freiheit sein höchstes Gut (vgl. S. 110, Z. 4f.), das über allem anderen angesiedelt ist, wodurch er egoistisch wirkt (vgl. S. 110, Z. 6). Er stellt seine eigenen Bedürfnisse über die anderer und ist nicht bereit, Kompromisse einzugehen. Regungen und Bedürfnisse seiner Mitmenschen kann er nicht richtig deuten und begegnet ihnen häufig mit Desinteresse (vgl. z.B. S. 42, Z. 13f.). Um ihm unangenehme Situationen zu vermeiden, bricht er Versprechen und lügt (vgl. z.B. sein verspätetes Erscheinen auf der Halloweenparty der Universität, Kap. 19).

Neben einem Hang zum Egoismus ist bei dem Ich-Erzähler auch ein großes Machtbedürfnis zu verzeichnen: Er ist sehr dominant (vgl. z.B. S. 56, Z. 8f.) und möchte stets die Kontrolle haben, weshalb ihm unvorhersehbare Situationen Angst machen. Aus diesem Grund lehnt er die Schwangerschaft seiner Freundin zunächst kategorisch ab (vgl. Kap. 19). Auch seine berufliche Orientierung ist eng mit seinem Kontrollzwang verknüpft, denn er hat das literarische Schreiben aufgegeben, da es ihm nach eigener Aussage nicht möglich ist, den Stoff zu beherrschen (vgl. S. 30, Z. 25f.).

Weitere hervorstechende Charaktereigenschaften des Schweizers sind seine Neugier, seine Eitelkeit und eine gewisse Eifersucht. Er führt ein selbstbestimmtes Leben und ist durch seine Ungebundenheit in der für ihn angenehmen Situation, sich von seiner Neugier leiten lassen zu können (vgl. S. 13, Z. 22). Diese ist der Grund, weshalb er überhaupt eine Beziehung mit Agnes eingeht und sich dazu überreden lässt, die Geschichte über sie zu schreiben. Seine

Eitelkeit kommt besonders zum Vorschein, als Agnes ihm ihre Schreibversuche zeigt, die er negativ kommentiert, obwohl er insgeheim weiß, dass seine eigenen Geschichten qualitativ minderwertiger sind (vgl. S. 43, Z. 7–17). Seine Eifersucht zeigt sich nicht nur gegenüber der von Agnes verfassten Geschichte, er ist auch eifersüchtig auf Herbert, der in Agnes verliebt ist.

Der Erzähler ist nicht in der Lage, für sein eigenes Handeln Verantwortung zu übernehmen (vgl. z. B. S. 9, Z. 1); aus diesem Grund verschleiert er dem Leser gegenüber zunächst die zentrale Rolle, die er beim Tod seiner Freundin spielt. Auch bei belangloseren Begebenheiten blendet er die eigene Schuld aus, so erzählt er Louise zum Beispiel, Agnes habe ihn verlassen. Die Gründe, die zu der Trennung geführt haben, legt er allerdings nicht offen (vgl. S. 97, Z. 26–28).

Sprachgebrauch und Sprachverhalten

Die Sprache des Erzählers ist entsprechend seinem Wesen knapp und schnörkellos. Seine Ausführungen erwecken den Eindruck eines sachlichen Berichts, der eigene Emotionen ausspart und über den Tod einer Passantin genauso sachlich und nüchtern Auskunft gibt wie über die erste Liebesnacht mit Agnes. Einblicke in seine Gefühlswelt sind kaum gegeben und er gibt nur wenig über sich preis. Auch in Gesprächen mit seiner Partnerin ist er zu einer tiefreichenden Kommunikation nicht fähig, weshalb die Beziehung von einer gewissen Sprachlosigkeit geprägt ist.

Zusammenfassung/Fazit

Der Ich-Erzähler ist in seinem selbstgewählten Lebenskonzept gefangen. Seine Bindungsunfähigkeit und die Angst davor, sich einem anderen Menschen zu öffnen, dominieren sein Leben; auch wenn er scheinbar bewusst ein Leben als Einzelgänger gewählt hat, ist er sich seiner eigenen Defizite bewusst (vgl. S. 99, Z. 9–11). Der ausgeprägte Freiheitsdrang und die damit verbundene Unfähigkeit, sich bedingungslos auf andere Menschen einzulassen, sind nicht erfüllend und stehen dem persönlichen Glück im Weg. Durch sein dominantes Wesen und seine Tendenz, Kontrolle über andere ausüben zu wollen, ist diese Mischung nicht nur für ihn, sondern auch für andere verhängnisvoll.

Agnes

Personalien und sozialer Status

Die 25-jährige Amerikanerin Agnes ist Diplomphysikerin und schreibt an ihrer Dissertation über die „Symmetrien der Symmetriegruppen von Kristallgittern“ (S. 20, Z. 6f.) an dem Mathematischen Institut der Chicago University, wo sie eine Teilzeit-Assistentenstelle besetzt. Sie lebt zurückgezogen in einer Wohnung in Chicago, bis sie in die Wohnung des Erzählers einzieht. Ihr äußeres Erscheinungsbild ist eher unauffällig (vgl. S. 14, Z. 1 ff.) und ihre sozialen Kontakte beschränken sich auf die wenigen Treffen ihres Streichquartetts, in dem sie Cello spielt. Neben dem Musizieren interessiert sie sich für Kunst und Gedichte.

Wesentliche Charaktereigenschaften

Die junge Frau hat eine sehr problembelastete Beziehung zu ihren Eltern, die in Florida wohnen und nur wenig Kontakt zu ihrer Tochter pflegen. Insbesondere das Verhältnis zu ihrem Vater ist sehr schlecht, da sie das Gefühl hat, sie entspräche nicht seinen Vorstellungen (vgl. Kap. 6). Diese belastende Erfahrung hat sie nachhaltig geprägt und ist die Wurzel für die problematische Grundkonstitution der Protagonistin. Agnes lebt isoliert und ist anderen Menschen gegenüber misstrauisch und kontaktscheu (vgl. S. 62, Z. 3f.); als Kompensation lenkt sie ihre Aufmerksamkeit auf Gegenstände (vgl. S. 62, Z. 4–10), die sie in all ihren Eigenschaften erschließen kann. Sie versucht, ihre Unsicherheit durch penible Sauberkeit zu überspielen, und hat ein pathologisches Ordnungsbedürfnis, dem sie zwanghaft nachkommt (vgl. z. B. S. 10, Z. 5–7, S. 112), was unter anderem dazu führt, dass ihre Wohnung steril und „unbelebt“ (S. 39, Z. 13) wirkt. Beziehungen zu anderen Menschen sind für sie unberechenbar und beängstigend, weshalb sie versucht, auch in ihre wenigen sozialen Kontakte eine gewisse Ord-

nung zu bringen, indem sie alle schriftlichen Korrespondenzen karteiartig ablegt (vgl. S. 112, Z. 21–24).
Dennoch verspürt sie ein starkes Bedürfnis, sich aus ihrer Einsamkeit zu lösen, und gibt aus diesem Grund ihre Schutzhaltung dem Erzähler gegenüber auf. Sie öffnet sich ihm und verliert in der Beziehung ihre Unschuld. Bald darauf zieht sie in die Wohnung des Erzählers, löst ihre eigene jedoch nicht auf, ein Hinweis darauf, dass sie sich einen letzten Schutzraum erhalten möchte. In der Beziehung ordnet sie sich dem älteren Mann häufig unter und scheint beinahe verzweifelt an das Glück in der Zweisamkeit glauben zu wollen. Als der Erzähler das gemeinsame Kind ablehnt, entfremdet sie sich jedoch von ihm, auch wenn sie nach einer vorübergehenden Trennung – nach einer Fehlgeburt – wieder zu ihm und in seine Wohnung zurückkehrt (vgl. z.B. S. 121, Z. 1–3).
In ihrer Einsamkeit leidet Agnes unter einer großen Angst vor einem Identitätsverlust, was sich in ihrem dringlichen Wunsch manifestiert, nach ihrem Ableben Spuren zu hinterlassen (vgl. z.B. S. 24, Z. 7–10). Sie hat keine Kinder oder ihr nahe stehende Freunde und aus diesem Grund große Angst vor dem Vergessensein. In ihrer Verzweiflung bittet sie deshalb den Erzähler darum, ein schriftliches Porträt von ihr anzufertigen, auch wenn ihr im Verlauf der Beziehung immer deutlicher wird, dass er sie nicht wirklich kennt (vgl. S. 127, Z. 3).
Agnes selbst gibt an, nicht mehr zu Lesen, da sie nicht mehr gewollt habe, „daß Bücher Gewalt über [sie] haben" (S. 120, Z. 17f.). Sie ist sich der Macht, die Literatur auf sie ausüben kann, durchaus bewusst, da sie in ihren Jugendjahren entsprechende Erfahrungen gemacht hat (vgl. S. 120, Z. 3–11). Dennoch fordert sie den Erzähler dazu auf, eine Geschichte über sie zu verfassen. Sie lässt es somit zu, dass er sie kontrolliert und sich ihrer bemächtigen kann.

Es ist also nicht verwunderlich, dass sie dieser Geschichte später erliegt.
Obwohl Agnes vordergründig zurückhaltend und ernst ist, besitzt sie bisweilen dennoch eine gewisse Begeisterungsfähigkeit, was sich an ihrem eigenen Schreibversuch zeigt, den sie voller Elan dem Erzähler präsentiert (vgl. Kap. 8). Auch die Vorfreude auf den Halloweenumzug lässt eine positive Gefühlsregung erkennen, jedoch lässt sie sich in ihrem Enthusiasmus und ihrer Freude stets von ihrem Partner bremsen, sodass sie die positiven Emotionen nicht aufrechterhalten kann.
Agnes ist eine kluge junge Frau, die für ihr Alter ungewöhnlich ernst ist und sich mit altersuntypischen Themen auseinandersetzt (vgl. z. B. S. 24). Sie fühlt sich unwohl in ihrem Umfeld und hat viele Ängste (vgl. z. B. S. 49, Z. 13). Nach dem Verlust ihres ungeborenen Kindes verschlechtert sich ihr psychischer Zustand dramatisch und es gelingt ihr nicht, die Fehlgeburt zu verarbeiten. Ihre desolate seelische Verfassung spiegelt sich dabei in ihrem Gesundheitszustand wider und so setzt sie schließlich den vom Erzähler erdachten Selbstmord in die Tat um.

Sprachgebrauch und Sprachverhalten

Anders als der Ich-Erzähler versucht Agnes immer wieder, Gespräche zu initiieren, und stellt Fragen, die auf die Beziehungsebene abzielen (vgl. z. B. S. 88) und über Belangloses hinausgehen. In Gesprächen hat sie stets einen um ein Vielfaches größeren Sprechanteil als der Erzähler und gibt in ihren Äußerungen Persönliches über ihre Vergangenheit und ihre Ängste preis, was zeigt, dass sie dazu bereit ist, den Erzähler in ihr Leben zu integrieren und Nähe zuzulassen. Die von ihr ausgesprochenen Gedanken zeugen oft von einer gewissen Ernsthaftigkeit und lassen erkennen, dass sie sich intensiv mit den von ihr angesprochenen Themen auseinandergesetzt hat, was ihr Bestreben, Sachverhalte verstehen zu wollen und Erkenntnis zu erlangen, unterstreicht.

Zusammenfassung/Fazit

Bei der Betrachtung der Figur muss der Leser die gelieferten Informationen kritisch hinterfragen, da er nur aus der Sicht des Erzählers etwas über Agnes erfährt. Dabei gelingt es dem Erzähler nicht immer, die fiktive Agnes von seiner realen Partnerin eindeutig zu trennen. Insgesamt lässt sich bei Agnes eine negative Grundhaltung verzeichnen, die in ihrem schlechten Verhältnis zu ihrem Vater begründet liegt. Auf den Leser wirkt Agnes wie eine atypische junge Amerikanerin, die keinerlei Leichtigkeit oder jugendlichen Frohsinn aufweist. In ihrer verzweifelten Suche nach einem Ausweg aus ihrer Einsamkeit klammert sie sich an den Erzähler, der ihr aufgrund seiner eigenen Persönlichkeitsstruktur keine Hilfe sein kann. So führen sie ihr unerfülltes Bedürfnis nach Nähe und Liebe und die damit verbundene Resignation letztendlich in den Tod. Agnes ist also eine Figur, die an dem Verlust der Menschlichkeit und der Vereinzelung des Menschen zerbricht.

Louise

Personalien und sozialer Status

Louise stammt als Tochter eines Franzosen und einer Amerikanerin aus einer gut situierten Familie. Sie ist ungefähr 30 Jahre alt, alleinstehend und arbeitet nach ihrem Studium in der Public-Relations-Abteilung der Pullman Leasing, welche Güterwagen vermietet. Seit etwa 15 Jahren bewohnt sie ein Appartement im Haus ihrer Eltern in Chicago und nimmt dort regelmäßig am gesellschaftlichen Leben teil.

Wesentliche Charaktereigenschaften

Die Gesellschaften im elterlichen Haus langweilen sie und sie hegt eine Abneigung gegen die US-Amerikaner im Allgemeinen (vgl. S. 86, Z. 3). Aus diesem Grund sucht sie die Nähe zum Erzähler und lädt ihn zu verschiedenen Feierlichkeiten ein.

Louise ist eine Frau, die selbstbewusst auf Männer zugeht (vgl. S. 84, Z. 14ff.) und flirtet. Ungeniert offenbart sie dem Mann ihrer Wahl ihr Interesse, was sich zum Beispiel daran zeigt, dass sie dem Erzähler bei ihrem Kennenlernen auf einer Halloweenparty ihre Privatnummer gibt (vgl. S. 86, Z. 14f.). Als die beiden nach der Trennung des Erzählers von Agnes eine Affäre eingehen, gibt sie vor, an einer lockeren Beziehung ohne Verpflichtungen interessiert zu sein (vgl. S. 106, Z. 16–18). Generell macht sie dadurch einen unbefangenen und aufgeschlossenen Eindruck, durch ihre gesprächige und lockere Art stellt sie also eine Kontrastfigur zu Agnes dar.

Auf einer Party ihrer Eltern wird deutlich, dass diese ihre Tochter gern in festen Händen wüssten (vgl. Kap. 22). Sie behandeln den Erzähler wie einen zukünftigen Schwiegersohn. Auch wenn Louise selbst dem Erzähler gegenüber sagt, dass keine Liebe im Spiel sei, scheint sie dennoch auf eine feste Bindung zu hoffen, da sie ihren Eltern bereits nach kurzer Zeit schon sehr viel über ihn erzählt hat (vgl. S. 100, Z. 10). Ihre unbefangene Art kann vor diesem Hintergrund also als Teil eines Plans gewertet werden, der ihr zu einer festen Bindung verhelfen soll.

Als der Erzähler Louise am Neujahrstag nach einer gemeinsamen Nacht zurückweist und ihr mitteilt, mit Agnes leben zu wollen, reagiert diese verletzt und frustriert (vgl. S. 146, Z. 12). Ihr wird bewusst, dass sie den Erzähler über die sexuelle Ebene hinaus nicht an sich binden kann. Sie muss einsehen, dass ihre Versuche gescheitert sind und es ihr nicht gelungen ist, mit ihm eine Beziehung aufzubauen. Dass sie diese Erfahrung nicht zum ersten Mal macht, ist offensichtlich. So wirkt Louise wie eine resignierte Frau, die den Männern eine gesunde Liebesfähigkeit abspricht (vgl. S. 146, Z. 20f.).

Zusammenfassung/Fazit

Insgesamt ist Louise eine Frau, die in ihren Bestrebungen, einen Mann dauerhaft an sich zu binden, gescheitert ist und aus diesem Grund einen gewissen Zynismus entwickelt hat. Ihre abfälligen Äußerungen über US-amerikanische Frauen und insbesondere Agnes sind dabei Ausdruck ihres persönlichen Scheiterns. Wie auch allen anderen Figuren des Romans bleibt ihr das Glück der Zweisamkeit verwehrt.

Herbert

Personalien und sozialer Status

Der ausgebildete Schauspieler Herbert lebt in New York, da er in Chicago keine feste Anstellung gefunden hat. Er arbeitet in einem Shopping-Center, für das er Durchsagen macht, hat aber noch immer die Hoffnung, als Schauspieler entdeckt zu werden und die unliebsamen Jobs hinter sich zu lassen. Als einziger Vertrauter von Agnes steht er mit dieser trotz der örtlichen Distanz weiterhin in Briefkontakt.

Wesentliche Charaktereigenschaften

Herbert hat Agnes auf ihrer Diplomfeier drei Jahre zuvor kennengelernt, wo er für eine Catering-Firma gearbeitet hat (vgl. S. 40, Z. 6f.). Seit dieser Zeit ist er Agnes sehr zugetan; diese erwidert seine Liebe jedoch nicht und auch der Kuss auf der Diplomfeier ist eher der schlechten Beziehung zu ihrem Vater geschuldet, da sie an diesem Abend nur intensiv mit Herbert geflirtet hat, um ihren Vater zu verärgern (vgl. S. 40, Z. 20–22). Auch wenn Herbert durch seinen Flirt sogar seine Anstellung bei der Catering-Firma verloren hat, kommt es zu keinem intimen Verhältnis. Dennoch liebt er Agnes noch immer und ist, als sie von dem Erzähler schwanger ist, dazu bereit, sie und ihr Kind zu sich zu nehmen (vgl. S. 94, Z. 9).

Anders als der Erzähler ist Herbert ein gefühlsbetonter Mensch, was besonders in seinem von Agnes geschilderten Erlebnis mit einer ihm fremden Frau ersichtlich wird, mit welcher er einen hochemotionalen Moment der tiefen Verbundenheit erlebt hat (vgl. S. 18, Z. 14–S. 19, Z. 6). Zudem liebt er Agnes auch nach einer mehrjährigen platonischen Beziehung noch immer (vgl. S. 129, Z. 7) und möchte ihr bedingungslos zur Seite stehen. Herbert stellt also eine Kontrastfigur zum aufgeräumten und sachlichen Erzähler dar.

Obwohl Agnes nach eigener Aussage den Erzähler liebt und nie mit Herbert geschlafen hat, weckt er beim Erzähler, der Herbert nur aus Erzählungen kennt, eine gewisse Eifersucht.

Zusammenfassung/Fazit

Auch wenn die Nebenfigur Herbert emotional angelegt und an einer festen Bindung interessiert ist, bleibt er ebenso wie alle übrigen Figuren einsam. Mit Herbert schafft Stamm eine Kontrastfigur zum Ich-Erzähler und führt so dem Leser vor Augen, dass auch der bindungswillige Mann in der modernen Gesellschaft Gefahr läuft, sein Glück nicht in der Zweisamkeit zu finden.

Der Blick auf den Text: Die Textanalyse

Einen Textauszug analysieren – Tipps und Techniken

Für die Analyse von Romanauszügen stehen zwei verschiedene Methoden zur Auswahl: Die Linearanalyse und die aspektgeleitete Analyse.

In der **Linearanalyse** werden die einzelnen Abschnitte des Auszugs systematisch analysiert, das heißt ihrer Reihenfolge nach. Dies führt in der Regel zu genauen und detaillierten Ergebnissen. Allerdings besteht dabei die Gefahr, dass zu kleinschrittig gearbeitet wird.

In der **aspektgeleiteten Analyse** werden diese Deutungsschwerpunkte von vornherein festgelegt. Daraus ergibt sich in der Regel eine problemorientierte und zielgerichtete Vorgehensweise. Dabei werden jedoch die Deutungsaspekte, die nicht im Fokus des Interesses stehen, vernachlässigt.

Aufbauschema:

1. Einleitung:
- Basissatz: Autor; Titel; Textsorte; Erscheinungsjahr des Werks, aus dem der Text stammt
- Ort, Zeit und Figuren
- kurze Inhaltsangabe

↓

2. Einordnung des Textauszugs in die Romanhandlung:
Was geschieht vorher, was nachher?

Linearanalyse

↓

3. Aufbau des Textauszugs:
- Auflistung der Textabschnitte/ Textgliederung

↓

4. Beschreibung und Deutung der unter 3. angegebenen Textabschnitte:
- Benennen des jeweiligen Abschnitts
- Aussagen zur Deutung, Einbettung in den Zusammenhang der Romanhandlung
- Einbezug der sprachlichen Gestaltung

aspektgeleitete Analyse

↓

3. Untersuchungsschwerpunkte:
- Auflistung der ausgewählten Untersuchungsaspekte

↓

4. Beschreibung und Deutung der unter 3. angegebenen Aspekte:
- Benennen des jeweiligen Aspekts
- Aussagen zur Deutung, Einbettung in den Zusammenhang der Romanhandlung
- Einbezug der sprachlichen Gestaltung

↓

5. Schluss:
- Zusammenfassen der Ergebnisse/des abschließenden Textverständnisses
- Einordnung der Ergebnisse in einen übergeordneten Zusammenhang
- Bewertung

Übungsvorschlag:
Erstellen Sie zuerst jeweils eine eigene Lösung und vergleichen Sie diese dann mit den unten angeführten Vorschlägen. Überprüfen Sie: An welcher Stelle erscheint Ihre eigene Lösung schlüssiger? Welche zusätzlichen Anregungen und Einsichten können Sie den Beispieltexten entnehmen?

Beispielanalyse Kapitel 6, S. 31, Z. 17 – S. 33, Z. 18 (linear)

> ***Aufgabe: Analysieren (beschreiben und deuten) Sie den vorliegenden Textauszug aus dem Roman „Agnes" von Peter Stamm.***

Einleitung und kurze Inhaltsangabe

Der vorliegende Textauszug stammt aus dem sechsten Kapitel des 1998 erschienen Romans „Agnes" von Peter Stamm. Dieser thematisiert die soziale Isolation des Einzelnen, wobei die Auswirkungen von Bindungsunfähigkeit und dem unerfüllten Wunsch nach Liebe anhand einer Beziehung zwischen dem Ich-Erzähler und der um viele Jahre jüngeren Agnes entfaltet werden. Die junge Amerikanerin Agnes lässt sich auf den aus der Schweiz stammenden und nur für sein derzeitiges Sachbuchprojekt in Chicago lebenden Ich-Erzähler ein, in der Hoffnung, mit ihm ihre Einsamkeit überwinden zu können und in der Beziehung zu ihm ihre Erfüllung zu finden. Er dagegen ist von seinem Freiheitsdrang getrieben und seine Gefühle gelten nur einem von ihm geschaffenen fiktiven Konstrukt, das er entwickelt, als Agnes ihn bittet, ein Porträt in Form einer Geschichte von ihr anzufertigen. Nach einer Fehlgeburt und der Einsicht, in der einseitigen Partnerschaft keine Befriedigung finden zu können, begeht die junge Frau letztendlich nach Vorlage des Porträts Selbstmord.

Einordnung des Textauszugs in die Romanhandlung

Der zu analysierende Textauszug aus dem sechsten Kapitel beinhaltet ein Gespräch zwischen dem Ich-Erzähler und Agnes.

Nach dem Kennenlernen in der Bibliothek und einigen Gesprächen in ebendieser verabreden sie sich zum Essen und Agnes begleitet den Erzähler in seine Wohnung. Die Beziehung ist also noch sehr jung, in der Nacht sind sie zum ersten Mal intim geworden. Nun halten sie sich noch immer in der Wohnung des Erzählers auf und es entwickelt sich ein Gespräch über dessen Schreibtätigkeit.

Aufbau des Textauszugs

Der zu diesem Zeitpunkt einsetzende Textauszug lässt sich in zwei große Abschnitte gliedern: Zunächst verleiht Agnes anhand eines Beispiels ihrem sehnlichsten Wunsch, nach ihrem Ableben Spuren zu hinterlassen, Ausdruck (vgl. S. 31, Z. 17–S. 32, Z. 20). Daran schließt sich die Schilderung eines Kindheitserlebnisses der Protagonistin an, die ihre Erfahrungen in einem Pfadfinderlager beinhaltet, in welchem eine Nachbarstochter ums Leben gekommen ist (vgl. S. 32, Z. 21–S. 33, Z. 18).

Deutung: Abschnitt I

Agnes äußert den Gedanken, ihr gefalle es, dass ihre Dissertation in die Bibliothek komme, weil an dem Thema Interessierte so immer auf ihren Namen stoßen würden (vgl. S. 31, Z. 17–21). Es wird deutlich, dass Agnes das dringliche Bedürfnis hat, etwas zu hinterlassen und ihrem Leben so Sinn zu geben. Das Hinterlassen von Spuren scheint der kinderlosen Protagonistin generell ein zentrales Anliegen zu sein, denn im weiteren Verlauf des Gesprächs offenbart sich ihre intensive Auseinandersetzung mit diesem Thema: Auf dem Weg zur Bibliothek fragt sie den Erzähler, ob er Stonehenge kenne. Dieser gibt an, schon einmal dort gewesen zu sein. Es folgen jedoch keine Aussagen über das in der Steinzeit entstandene Bauwerk, sondern er lässt sich lediglich über dessen Vermarktung aus, es sei „ein riesiger Rummelplatz“ (S. 31, Z. 26). Sein Augenmerk gilt nicht dem kulturellen und künstlerischen Aspekt. Was er wahrge-

Stonehenge

nommen hat, ist eine große Ansammlung von Menschen, die ihm generell zuwider ist. Agnes dagegen hat Stonehenge noch nie tatsächlich gesehen, kann sich allerdings an eine Theorie erinnern, die ihr eigenes Bedürfnis widerspiegelt. Diese Theorie besagt, die Steine seien „aufgestellt worden, nur um eine Spur zu hinterlassen, ein Zeichen zu setzen. Weil die Menschen der Steinzeit sich fürchteten, in der Natur unterzugehen, zu verschwinden. Sie wollten etwas hinterlassen, um zu zeigen, daß jemand dagewesen ist, daß dort Menschen gelebt haben" (S. 32, Z. 4–9). Genau diese Angst, nach dem Ableben einfach zu verschwinden und vergessen zu sein, ist Agnes eigen. Anders als die Menschen der Steinzeit, die der Menschheit ein Denkmal setzen wollten, möchte sie allerdings ihr persönliches Andenken hinterlassen, sei es durch ihre Dissertation oder auf anderen Wegen. Der Erzähler erkennt die tiefe Ernsthaftigkeit in den Ausführungen seiner Gesprächspartnerin allerdings nicht und tut die von ihr wiedergegebene Theorie ab (vgl. S. 32, Z. 10), woraufhin Agnes weitere Beispiele für dieses menschliche Bestreben nennt und ihn schließlich fragt, ob er schon einmal in den hiesigen Wäldern gewesen sei, was er verneint (vgl. S. 32, Z. 12–14). Agnes beschreibt ihm daraufhin die Weite der Wälder und weist auf die Gefahr hin, sich in ihnen zu verirren. Die Aussage „Man könnte verschwinden und würde nie mehr gefunden.“ (S. 32, Z. 16ff.) ist dabei eine Vorausdeutung auf ihren späteren Tod im Wald, denn am Ende des Romans ist die Protagonistin tatsächlich verschwunden und scheint im Wald der Kälte erlegen zu sein. Zudem manifestieren sich in ihren Ausführungen über die Wälder ein weiteres Mal ihre Angst vor dem Verschwinden und ihr Wunsch, etwas zu hinterlassen und nicht vergessen zu werden.

Abschnitt II

Im zweiten Textabschnitt wechselt Agnes das Thema und berichtet dem Erzähler von einem Aufenthalt im Pfadfinderlager, an dem sie als junges Mädchen teilgenommen hat. Dabei erwähnt sie, dass sie nur auf den Wunsch des Vaters dem Verein beigetreten sei, „[e]inmal mußte [sie] mit in ein Lager in die Catskills“ (S. 32, Z. 23f.). Augenscheinlich respektiert der Vater die Bedürfnisse und Wünsche seiner Tochter nicht, was diese nachhaltig geprägt hat, da sie auch als Erwachsene ein sehr reserviertes Verhältnis zu diesem hat. Wie stark sie die Ablehnung durch den eigenen Vater empfunden hat, wird deutlich, als sie dem Erzähler weiterhin berichtet, dass auf diesem Ausflug die Nachbarstochter ums Leben gekommen sei. Sie selbst habe keine Trauer empfunden, ihr Vater aber sei aufgelöst gewesen. Sie ist davon überzeugt, dass er um sie, seine eigene Tochter, weniger oder gar nicht getrauert hätte (vgl. S. 33, Z. 16–18). Auch wenn Agnes in weiteren Gesprächen später vorgibt, ihrem Vater gleichgültig gegenüberzustehen, so wird hier dennoch deutlich, wie sehr sie die lieblose Haltung des eigenen Vaters verletzt hat. Die Erwähnung, dass die von ihm so sehr gemochte Nachbarstochter schlecht in der Schule gewesen sei (vgl. S. 32, Z. 28), verweist auf ihr Unvermögen, diese Sympathie nachzuvollziehen, und legt die Annahme nahe, dass Agnes in jungen Jahren versucht hat, die Erwartungen des Vaters zu erfüllen und ihn stolz zu machen – sei es durch gute Schulleistungen oder andere Dinge. Die erwachsene Agnes hat diese Haltung aufgegeben und pflegt zu ihren Eltern nur noch sporadischen Kontakt, wie sich im Verlauf des Romans herausstellen wird. Allerdings überträgt sich ihr damaliges Verhalten auf die Beziehung zum Ich-Erzähler, da sie nun seine Erwartungen erfüllen möchte.

Schluss

Auffällig ist, dass der Erzähler in dem gesamten Textauszug einen sehr geringen Sprechanteil hat. Seine Aussagen sind knapp und kurz und treiben das Gespräch nicht voran. Er bekundet auch kein tieferes Interesse an den Ausführungen seiner Partnerin. Agnes dagegen offenbart ihm indirekt über die Stonehengetheorie ihre innersten Wünsche und Ängste und teilt durch die Schilderung des Kindheitserlebnisses einen intimen Moment mit ihm. Diese Konstellation führt bereits zu diesem frühen Zeitpunkt das Ungleichgewicht der Beziehung vor Augen. Zudem wird die sehr belastete, wenn nicht sogar krankhafte psychische Verfassung der Protagonistin ersichtlich, sodass ein tragisches Ende bereits am Anfang des Romans unausweichlich scheint.

Beispielanalyse Kapitel 8, S. 38, Z. 1 – S. 41, Z. 24 (aspektgeleitet)

Aufgabe: Analysieren (beschreiben und deuten) Sie den vorliegenden Textauszug aus dem Roman „Agnes" von Peter Stamm.

Einleitung und kurze Inhaltsangabe

Der 1998 veröffentlichte Roman „Agnes" von Peter Stamm thematisiert die Einsamkeit des Menschen in der modernen Welt, in der eigene Bedürfnisse häufig über die Gefühle anderer gestellt werden, wodurch innige Beziehungen unmöglich werden. Stamm führt in seinem Roman dabei die negativen Auswirkungen dieser Entwicklung vor Augen, indem er die Geschichte einer Liebesbeziehung schildert, welche sich in Chicago zwischen dem etwa 45-jährigen Ich-Erzähler und der 25-jährigen Agnes ereignet. Das Verhältnis der beiden endet für Agnes fatal, da sie feststellen muss, dass ihr Wunsch nach inniger Zweisamkeit und Nähe keine Erfüllung finden kann, weil der ich-zentrierte Erzähler zu sehr seine eigene Freiheit in den Vordergrund stellt und nicht bereit dazu ist, sich bedingungslos auf sie einzulassen. Seine Liebe gilt nicht ihr, sondern einer von ihm geschaffenen fiktiven Agnes, die er entwirft, als Agnes ihn bittet, ein literarisches Porträt und damit eine Geschichte über sie zu verfassen. Als Agnes dieser von ihm erstellten Vorlage nicht entspricht, findet eine zunehmende Entfremdung zwischen dem Paar statt und Agnes sucht schließlich nach Vorlage der vom Erzähler verfassten Geschichte den Freitod durch Erfrieren.

Einordnung des Textauszugs in die Romanhandlung

Der vorliegende Textauszug setzt ein, nachdem Agnes und der Ich-Erzähler sich in der Bibliothek kennengelernt haben und nach einigen Treffen in diesen Räumlichkeiten miteinander ausgegangen sind und die Nacht gemeinsam in der Wohnung des Erzählers verbracht haben. Agnes erfährt, dass der Sachbuchautor früher literarische Texte verfasst hat, was sie fasziniert. Sie selbst erzählt ihm von ihrer schlechten Beziehung zu ihrem Vater und ihrem dringlichen Wunsch, nach ihrem Tod Spuren zu hinterlassen, um nicht vergessen zu werden. Die Beziehung ist noch jung und der Erzähler besucht Agnes das erste Mal in ihrer Wohnung, da sie ihn nach seiner geschäftlichen Reise nach New York zu sich eingeladen hat, um ihm ihre eigenen Schreibversuche zu zeigen.

Untersuchungsschwerpunkt

Anhand des Verhaltens der jungen Frau während des ersten Besuchs ihres um einige Jahre älteren Freundes in ihrer Wohnung, den der Erzähler schildert, lassen sich die hohen Erwartungen, die sie in diese Beziehung setzt, ableiten. Aus diesem Grund soll Agnes’ Verhalten im Folgenden näher betrachtet und erläutert werden.

Beschreibung und Deutung

Bereits die Tatsache, dass Agnes den Erzähler nun das erste Mal zu sich eingeladen hat (vgl. S. 38, Z. 6), veranschaulicht, dass die junge Frau den Erzähler näher an sich heranlässt und ihre Schutzhaltung aufgibt. Ihre Wohnung ist ihr privater Rückzugsort und nun ist sie bereit, den Erzähler in diesen vordringen zu lassen, sie öffnet sich ihm also und bringt die Beziehung so für sich auf eine höhere Ebene. Sie empfängt ihn mit großer Vorfreude und wirkt insgesamt gelöst und glücklich (vgl. S. 38, Z. 8–10). Dass sie bereit ist, sich weiter auf ihn einzulassen und ihn näher an sich herankommen zu lassen, zeigt sich auch in ihrem Zugeständnis „Schau dich ruhig um." (S. 39, Z. 8), sie räumt es dem Erzähler im übertragenen Sinne ein, sie selbst zu erforschen.
Auch ihre Bemühungen, dem Erzähler ein gutes Essen zuzubereiten und überhaupt gemeinsam eine Mahlzeit einzunehmen, sprechen für ihr Bestreben, die Beziehung zu stärken. Nach eigener Aussage isst sie nicht gern (vgl. Kap. 4), dennoch begrüßt sie ihn mit einem „Erst essen wir" (S. 38, Z. 11), es wird deutlich, dass sie trotz ihrer Abneigung Zeit aufgewendet hat, um für ihn zu kochen. Dem Bild einer glücklichen Beziehung folgend, hat sie ein gemeinsames Essen geplant und vorbereitet. Sie selbst weist darauf hin, dass sie „keine Übung" (S. 39, Z. 7) in diesem Bereich hat, hält sich aber auffallend viel in der Küche auf (vgl. S. 39, Z. 9, Z. 24), ein Ort, der häufig mit Familie, Wärme, Geselligkeit und Gemütlichkeit in Verbindung gebracht wird. Genau dieses Gefühl der Wärme erhofft sie sich von der Beziehung, sie sehnt sich nach inniger Nähe und einer Familie. In ihren Versuchen, dem Erzähler ein gutes Essen zuzubereiten, zeigt sich also ihr Wunsch nach einer erfüllenden Beziehung, die zur Überwindung ihrer Einsamkeit führt, welche augenscheinlich ihr bisheriges Leben beherrscht hat (vgl. S. 39, Z. 12–14).
In den Gesprächen zwischen den beiden hat sie einen großen Sprechanteil und berichtet dem Erzähler in diesen von

zentralen Erlebnissen und Begebenheiten in ihrem Leben, ein weiteres Indiz für ihren Wunsch nach Nähe. Sie erzählt ihm offen und ehrlich von ihrer ersten Begegnung mit ihrem Verehrer Herbert auf ihrer Diplomfeier und stellt dabei ihr sehr problembelastetes Verhältnis zu ihrem Vater zur Schau, da sie sich nach eigener Aussage an diesem Abend nur auf einen Flirt mit Herbert eingelassen hat, um ihren Vater zu verstimmen (vgl. S. 40, Z. 20). Das Verhältnis zu ihren Eltern und der Kontakt zu Herbert sind die einzigen zwischenmenschlichen Beziehungen, die sie bis zu dem Kennenlernen des Ich-Erzählers beschäftigt haben. Diese persönlichen Erfahrungen teilt sie ihrem neuen Partner nun mit und gibt so immer mehr von sich preis.
Nach dem gemeinsamen Essen bittet sie den Erzähler, ihre erste selbstverfasste Geschichte zu lesen, die sie während seiner Abwesenheit, durch dessen Schriftstellertätigkeit inspiriert, geschrieben hat. Enthusiastisch zeigt sie ihm den Text und unterbricht ihn nach kurzer Zeit mit den Worten: „Siehst du, ich habe auch eine Geschichte geschrieben. Ich möchte mehr schreiben. Wie findest du es?“ (S. 41, Z. 21 f.) Diesen Äußerungen ist ihre Aufregung eindeutig zu entnehmen, ihre Emotionen lassen sie hastig ihre Begeisterung für diese Tätigkeit ausdrücken und ohne Pause sucht sie nach einer Bestätigung ihres Könnens durch den Erzähler. Seine Meinung ist ihr wichtig und sie möchte die Freude, die sie empfindet, mit ihm teilen. Agnes wirkt in diesem Augenblick jugendlich und forsch, Eigenschaften, die sich später nicht mehr zeigen werden.

Schluss

Insgesamt wird an dem Verhalten der Protagonistin ersichtlich, dass sie glaubt, mit dem Erzähler ihre Einsamkeit überwinden und eine glückliche Beziehung führen zu können, was sie beflügelt und ihr eine gewisse Leichtigkeit verleiht. Sie kann sich für Dinge begeistern und möchte ihre Freude mit dem Partner an ihrer Seite teilen. Der Erzähler erstickt diese Freude im weiteren Verlauf des Kapitels jedoch im Keim, da er ihre Schreibversuche aus Eitelkeit negativ bewertet und ihren Enthusiasmus bremst. Das völlige Aufblühen der jungen Frau wird durch ihn folglich verhindert. Von ihrer Leichtigkeit ist später nichts mehr zu spüren und auch ihre Küche, die für den Wunsch nach Nähe und Wärme steht, wirkt „so sauber, als sei sie nie benutzt worden" (S. 112, Z, 7f.); am Ende der Beziehung ist sie, von Krankheit gezeichnet, ans Bett gefesselt, was einen starken Kontrast zu ihrem Zustand im vorliegenden Textauszug darstellt. Der Wunsch nach Nähe, Wärme und Überwindung der Einsamkeit wird nicht erfüllt und so sind die Krankheit und der offensichtliche Selbstmord am Schluss Ausdruck der emotionalen Kälte in ihrer Beziehung, in der sie bereit war, mehr zu geben als ihr Partner.

Der Blick auf die Prüfung: Themenfelder

Dieses Kapitel dient zur unmittelbaren Vorbereitung auf die Prüfung: Schulaufgabe bzw. Klausur oder schriftliche bzw. mündliche Abiturprüfung. Die wichtigsten Themenfelder werden in einer übersichtlichen grafischen Form dargeboten. Außerdem verweist eine kommentierte Liste mit Internetadressen (S. 96) auf mögliche Quellen für Zusatzinformationen im Netz.

Die schematischen Übersichten können dazu genutzt werden,

- die wesentlichen Deutungsaspekte des Romans kurz vor der Prüfungssituation im Überblick zu wiederholen,
- die Kerngedanken des Romans noch einmal selbstständig zu durchdenken und
- mögliche Verständnislücken nachzuarbeiten.

Zum Verständnis der Schemata ist die Kenntnis der vorausgehenden Kapitel unerlässlich. Die folgenden Schwerpunktsetzungen beruhen auf Erfahrungen aus jahrelanger Prüfungspraxis. Die Übersicht V (Vergleichsmöglichkeiten mit anderen literarischen Werken, S. 95) soll als Anregung dienen, um den eigenen Lektürekanon auf möglicherweise interessante Vergleichspunkte hin abzuklopfen.

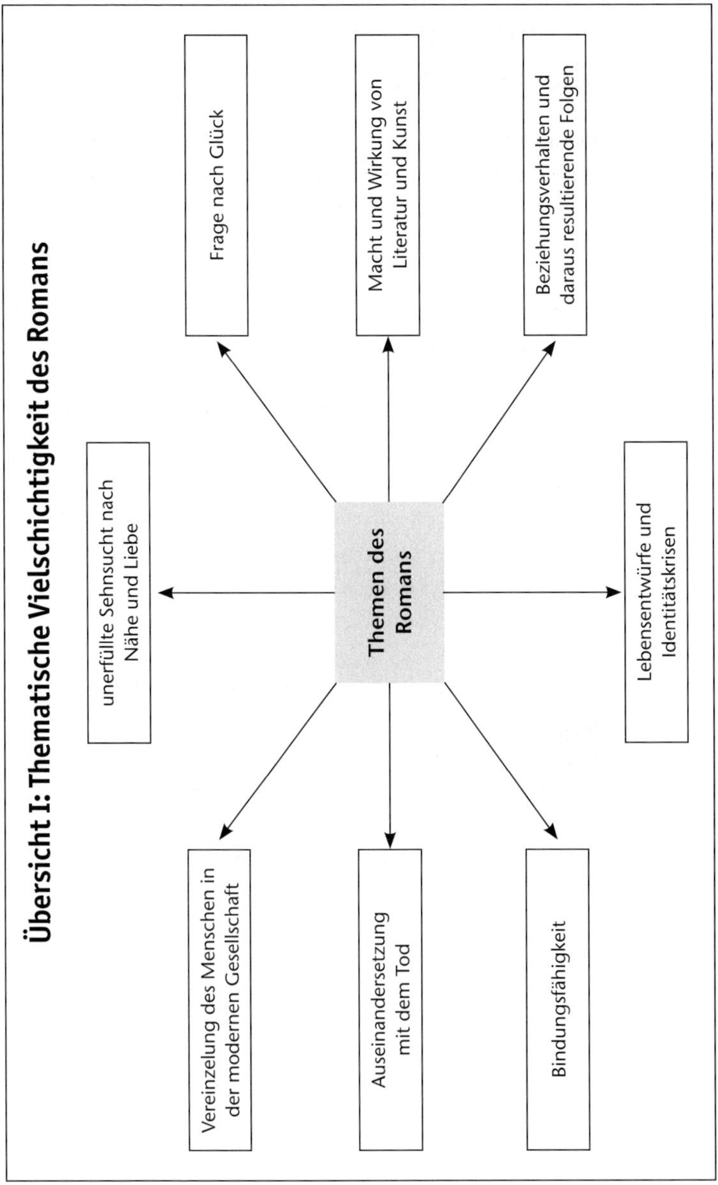
Übersicht I: Thematische Vielschichtigkeit des Romans
Themen des Romans
unerfüllte Sehnsucht nach Nähe und Liebe
Frage nach Glück
Macht und Wirkung von Literatur und Kunst
Beziehungsverhalten und daraus resultierende Folgen
Lebensentwürfe und Identitätskrisen
Bindungsfähigkeit
Auseinandersetzung mit dem Tod
Vereinzelung des Menschen in der modernen Gesellschaft

Übersicht II: Aufbau und Struktur des Romans

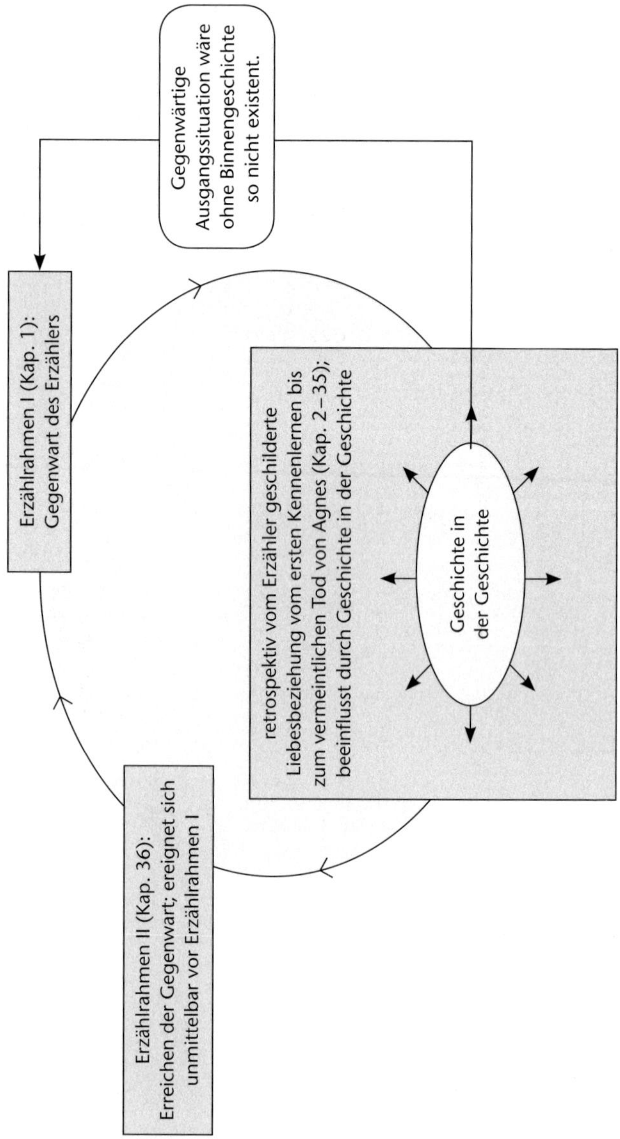

Übersicht III: Leitmotive, Symbole und Schlüsselwörter

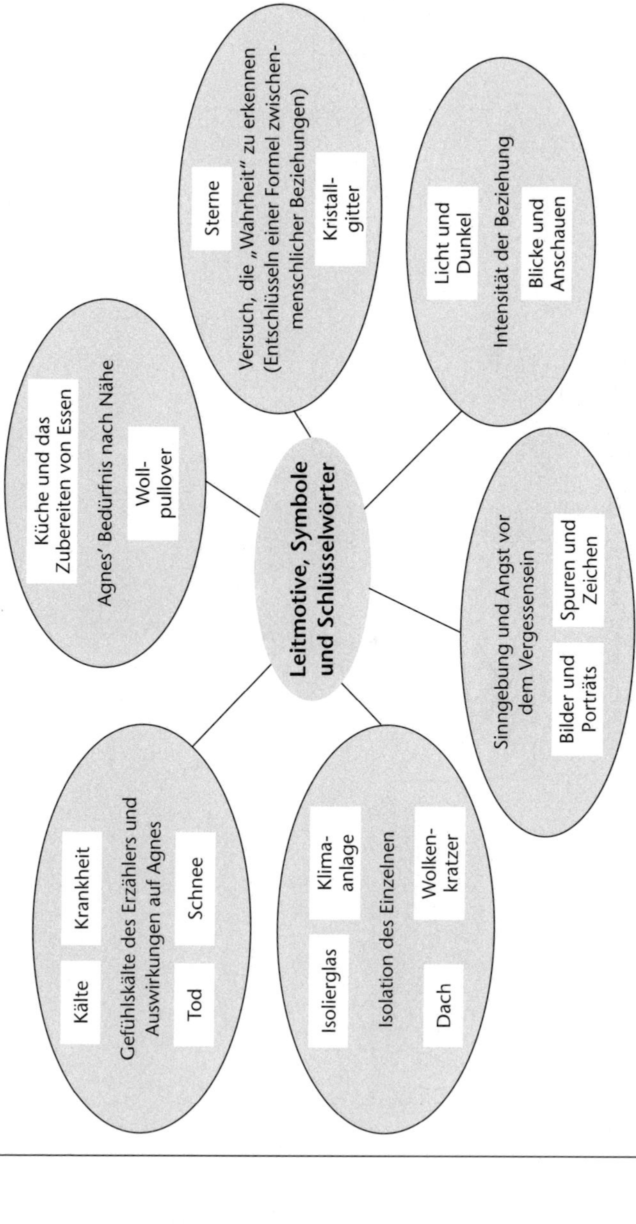

Übersicht IV: Mögliche Untersuchungsschwerpunkte

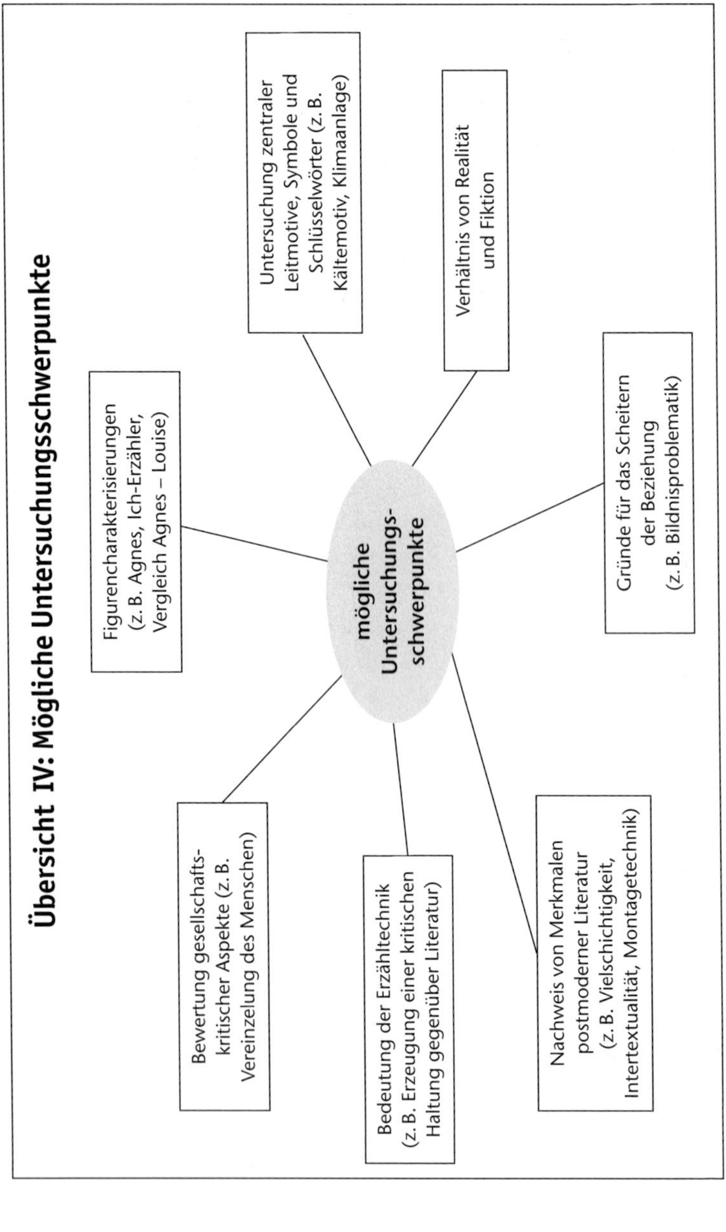

Übersicht V: Vergleichsmöglichkeiten mit anderen literarischen Werken

Peter Stamms Roman „Agnes“

Figurenvergleich, z. B.
- Agnes mit Fontanes Effi Briest oder mit Stamms Kathrine aus dem Roman „Ungefähre Landschaft“
- Ich-Erzähler mit Frischs Walter Faber

Motivvergleich, z. B.
- das Motiv „Kommunikationsstörung“ bei Frischs Roman „Homo faber“
- das Motiv „Beziehungsunfähigkeit“ bei Frischs Roman „Homo faber“
- die Motive „mangelnde Nähe“ und „Einsamkeit“ bei Fontanes Roman „Effi Briest“
- das Motiv „Bewusstmachung der Fiktionalität“ bei Schneiders Roman „Schlafes Bruder“

Vergleich dargestellter Beziehungsstrukturen, z. B. mit
- Frischs Roman „Homo faber“
- Fontanes Roman „Effi Briest“
- Schlinks Roman „Der Vorleser“
- Stamms Roman „Sieben Jahre“

Vergleichende Erzähleranalyse, z. B. mit
- Frischs Roman „Homo faber“
- Schlinks Roman „Der Vorleser“
- Fontanes Roman „Effi Briest“
- Süskinds Roman „Das Parfum“

Internetadressen

Unter diesen Internetadressen kann man sich zusätzlich informieren:

www.christa-tamara-kaul.de/buch-stamm-peter-agnes.htm
(Inhaltsangabe und Kommentar zu Stamms Roman „Agnes" von Christa Tamara Kaul)

www.dieterwunderlich.de/Stamm_Agnes.htm
(Inhaltsangabe und Kommentar zu Stamms Roman „Agnes" von Dieter Wunderlich)

www.fischerverlage.de/autor/peter_stamm/18671
(Biografie und Interview mit Peter Stamm)

www.nzz.ch/nachrichten/kultur/aktuell/literatur_muss_nackt_sein_1.3675255.html
(Peter Stamm über Literatur und seinen eigenen Schreibstil)

www.perlentaucher.de/autoren/846/Peter_Stamm.html
(Kurzinformation zum Autor und Übersicht über seine Werke)

www.peterstamm.ch
(offizielle Homepage des Autors)

www.youtube.com/watch?v=6JBZI5iitdo
(Autorenporträt)

www.youtube.com/watch?v=RvjjVpSTthl
(Interview mit Peter Stamm)

www.zeit.de/online/2009/34/peter-stamm-spaziergang
(Gespräch mit Peter Stamm über Arbeit, Liebe und Kunst)

[Stand: 23.03.2012]

Literatur

Textausgabe:

Stamm, Peter: Agnes. Fischer Verlag. Frankfurt am Main [7]2012

Borchmeyer, Dieter und Viktor Zmegac: Moderne Literatur in Grundbegriffen. Max Niemeyer Verlag. Tübingen 1994

Doering, Sabine: Eiswinde in Chicago. An der Literatur erfroren: Peter Stamms gelungener Debüt-Roman. In: Frankfurter Allgemeine Zeitung. Ausgabe Nr. 94 vom 23.04.1999, S. 42

Frisch, Max: Tagebuch 1946–1949. Suhrkamp Verlag. Frankfurt am Main 1950

Hamm, Peter: Der Tod der erzählten Frau. In: Focus. Jg. 1998. Ausgabe Nr. 47 vom 16.11.1998, S. 184

Jens, Walter (Hrsg.): Kindlers Neues Literaturlexikon. Kindler. München 1988

Möckel, Magret: Erläuterungen zu Peter Stamm: Agnes. In: Bange Verlag (Hrsg.), Königs Erläuterungen und Materialien. Band 405. Hollfeld 2001

Pütz, Wolfgang: Peter Stamm, Agnes. Reclam. Stuttgart 2011

Notizen

Notizen

Notizen